Eifersucht

Rolf Merkle

Eifersucht

Woher sie kommt
und wie wir sie überwinden können

PAL

Lebenshilfe-Bibliothek

Bibliografische Information Der Deutschen Bibliothek
Die Deutsche Bibliothek verzeichnet diese Publikation in der Deutschen Nationalbibliografie; detaillierte bibliografische Daten sind im Internet über http://dnb.ddb.de abrufbar.

11. Auflage 2006
ISBN 978-3-923614-24-0
ISBN 3-923614-24-1

Druck: C. Bockfeld, Neustadt

Inhalt

Einleitung

Etwa 80 % aller Frauen und Männer leiden unter Eifersucht bzw. reagieren auf Untreue mit Eifersucht. Männer und Frauen geben jedoch unterschiedliche Gründe für ihre Eifersucht an. Während Frauen eher auf die emotionale Untreue ihres Partners mit Eifersucht reagieren, empfinden Männer Eifersucht, wenn ihre Partnerin sexuell untreu ist. Wie groß das Problem ist und welche persönlichen Schicksale damit verbunden sind, wird jedoch erst so richtig deutlich, wenn wir einen Blick in die Tageszeitungen werfen. Dort wird fast ebenso häufig über die Taten eifersüchtiger Menschen berichtet wie über das Wetter. Sicherlich kennen Sie Schlagzeilen wie diese:

Eifersuchtsdrama: Mann erstach Frau;
30-jährige vergiftete Mann aus Eifersucht;
Aus Liebe getötet; Zwei Tote bei Eifersuchtsdrama;
Sie zog aus, er griff zum Dolch: 4 Kinder trauern
um ihre Mutter.

Auch wenn man unterstellt, dass Berichte dieser Art hie und da übertrieben sind, so lässt sich nicht leugnen, dass Eifersucht ein alltägliches Gift ist, das Beziehungen gefährden oder ruinieren kann. Angeblich soll bei 4 von 5 Morden Eifersucht das Motiv sein, nach dem Motto: „Wenn ich dich nicht für mich alleine haben kann, dann soll dich auch kein anderer haben".

Eifersucht gibt es nicht nur unter Erwachsenen. Auch

Kinder können aufeinander eifersüchtig sein. Eltern können auf ihre Kinder eifersüchtig sein und Kinder auf ihre Eltern. Fast überall auf der Welt trifft man eifersüchtige Menschen, in allen Schichten, vom Arbeiter bis hin zum Manager. Und natürlich kann man nicht nur auf einen anderen Menschen eifersüchtig sein, sondern auch auf Dinge wie etwa die Briefmarkensammlung oder das Hobby des Partners.

Aufgrund der großen Verbreitung der Eifersucht könnte man fast annehmen, dass Eifersucht ein ganz menschlicher Zug ist. Ja, gehört Eifersucht vielleicht ebenso zur Liebe wie das Salz in die Suppe, ist also Liebe ohne Eifersucht gar nicht denkbar? Ist es vielleicht sogar ein Liebesbeweis, wenn man eifersüchtig ist, und liebt man den Partner nicht mehr, wenn man in bestimmten Situationen keine Eifersucht empfindet - nach dem Motto: Wer noch nie aus Eifersucht eine Vase zerschmettert hat, hat noch nie geliebt? Oder ist es für den Partner gar beleidigend und verletzend, wenn man niemals eifersüchtig ist? Ist Eifersucht ein genetisch programmierter Urtrieb? Oder ist Eifersucht ein elementares Gefühl wie Liebe?

Auf diese Fragen möchte ich in diesem Buch eingehen. Als Psychotherapeut möchte ich Ihnen aber auch zeigen, wie Sie lernen können, dieses zerstörerische Verhalten besser in den Griff zu bekommen. Dieses Buch widme ich all jenen Menschen, die unter ihrer Eifersucht leiden und sich nicht länger damit abfinden wollen, dass sie sich und ihrem Partner das Leben zur Hölle machen. Wenn Sie Ihr Leben und das Ihres Partners menschenwürdiger und liebevoller gestalten möchten, dann kann Ihnen dieses Buch dabei helfen.

Sie erfahren, woher Ihre Eifersucht kommt und was Sie tun können, um sie zu überwinden. Je nach der Stärke Ihrer Eifersucht wird dies nicht ganz einfach für Sie sein. Sie müssen hart an sich arbeiten. Wenn Sie jedoch beherzigen und in die Tat umsetzen, was ich Ihnen vorschlage, dann können Sie es schaffen. Vielleicht ist es ganz hilfreich, wenn Sie sich zusätzlich an einen erfahrenen Therapeuten wenden. Mit seiner Hilfe können Sie möglicherweise schneller vorankommen.

Da ein Ratgeberbuch wie dieses einer völlig anderen Leseart bedarf als z.B. ein Krimi, möchte ich Ihnen hier noch einige Tipps geben, wie Sie dieses Buch am gewinnbringendsten lesen können.

1.

Lesen Sie das Buch, quasi zum Aufwärmen, erst einmal im Schnelldurchlauf, um sich mit seinem Inhalt etwas vertraut zu machen.

2.

Lesen Sie es dann ein 2. Mal. Lesen Sie nun Kapitel für Kapitel gewissenhaft und aufmerksam. Halten Sie manchmal inne und überdenken das Gelesene. Halten Sie einen Bleistift parat, und markieren Sie diejenigen Textstellen, die Ihnen wichtig erscheinen.

3.

Gehen Sie erst zum nächsten Kapitel über, wenn Sie das vorangegangene bearbeitet und seine Übungen gemacht haben.

4.

Lesen Sie die einzelnen Kapitel mehrmals durch. Legen Sie das Buch nicht nach ein- oder zweimaligem Lesen für immer beiseite. Es sollte die nächsten Wochen und Monate Ihr ständiger Begleiter sein.

5.

Dieses Buch tut nichts für Sie. Nur wenn Sie das Gelesene im Alltag anwenden und die Übungen machen, die ich

Ihnen vorschlage, dann können Sie mit diesem Buch Fortschritte machen.

Sie haben nun das Gefühl, dass Ihre Therapie ein hartes Stück Arbeit ist? Wenn das Ihr Eindruck ist, dann liegen Sie vollkommen richtig. Jawohl, es liegt - je nach Stärke Ihrer Eifersucht - ein hartes Stück Arbeit vor Ihnen. Wenn es ein Klacks wäre, Ihre Eifersucht zu überwinden, wenn Sie sie quasi mit einem Handstreich vom Tisch fegen könnten, dann, ja, dann hätten Sie das doch schon längst getan, oder?

Machen wir uns nichts vor: Ihrer Angewohnheit, in bestimmten Situationen vor Eifersucht „auszurasten", ist nicht mit einem starken Willen, es nicht mehr tun zu wollen, beizukommen. Wahrscheinlich haben Sie es sich schon dutzende Male vorgenommen, ruhig zu bleiben, aber irgendwann ist bei Ihnen doch wieder die Sicherung durchgebrannt.

Mit Willenskraft oder guten Vorsätzen alleine ist also Ihrer Eifersucht nicht beizukommen. Wenn Sie Ihre Eifersucht überwinden möchten, dann müssen Sie Teile Ihrer Persönlichkeit, die für die Entstehung Ihrer Eifersucht verantwortlich sind, verändern. Sie müssen bestimmte erworbene Denk- und Verhaltensweisen durch andere ersetzen. Das braucht Zeit, Ausdauer und Training.

Ein manches Mal werden Sie entmutigt die Flinte ins Korn werfen wollen und sich sagen: „Ich schaff' das einfach nicht." Eine solche Reaktion ist nicht nur völlig normal, sie ist auch beinahe unvermeidbar. Immer, wenn wir eine eingefahrene Angewohnheit durch eine andere ersetzen wollen, müssen wir Rückschläge in Kauf nehmen. Solange Sie sich, nachdem sich der größte Frust wieder gelegt hat, erneut an die Arbeit machen, solange sind solche Durchhänger nicht tragisch.

Ich wünsche Ihnen viel Erfolg, vor allem aber die Geduld und die Ausdauer, für sich und Ihren Partner die notwendigen Schritte zu tun, die es Ihnen und ihm ermöglichen, wieder zusammenzufinden. Sie können es schaffen, Ihre Eifersucht zu überwinden, auch wenn der Weg, der vor Ihnen liegt, manchmal steinig und voller Hindernisse ist.

Lassen Sie sich nicht von Fehlschlägen und vermeintlichen Rückschlägen entmutigen. Diese sind ein unvermeidbarer Bestandteil jeder persönlichen Entwicklungsreise. Sie haben die Fähigkeit, Ihr Leben und die Beziehung zu Ihrem Partner positiver zu gestalten. Woher ich das weiß? Andere haben es geschafft und auch Sie können es schaffen, weil Sie ein Mensch sind und damit die Fähigkeit haben, sich selbst zu verändern. Jeder kann jederzeit etwas aus dem machen, was aus ihm gemacht wurde. In jedem von uns stecken mehr Energie, Kraft und Begabungen, als wir je genutzt haben. Machen Sie davon Gebrauch.

Alles Gute
wünscht Ihnen Ihr
Rolf Merkle

1
Was ist Eifersucht?

In diesem Kapitel möchte ich auf das Wesen der Eifersucht und auf einige Eifersuchtsfallen eingehen, über die Sie stolpern könnten. Schauen wir uns zunächst einmal an, was Eifersucht überhaupt ist.

Wodurch ist Eifersucht gekennzeichnet?

Wenn wir im Brockhaus unter dem Begriff Eifersucht nachschauen, dann lesen wir Folgendes:

> „qualvoll erlebtes Gefühl vermeintlichen oder tatsächlichen Liebesentzugs. Der Eifersüchtige reagiert mit Versuchen, das Liebesobjekt an sich zu binden; I.e.S. bedeutet Eifersucht das Verlangen nach völliger Ausschließlichkeit der Beziehungen zum Partner".

Dies scheint mir eine recht zutreffende Definition zu sein, wenngleich sie sehr sachlich ist und deshalb nicht im Geringsten erahnen lässt, welche Tragödien sich dahinter verbergen können.

In einem Punkt stimme ich jedoch nicht überein: Eifersucht ist genau genommen kein Gefühl. Das Wort Eifersucht ist vielmehr eine Bezeichnung für mehrere, ganz verschiedene Gefühle. Warum ich das so betone, fragen Sie? Weil es eine sehr große praktische Bedeutung für die Überwindung Ihrer Eifersucht hat. Schauen wir uns einmal an, welche Gefühle im Spiel sind, wenn ein Mensch eifersüchtig ist.

Eifersucht ist eine Art Gefühlscocktail, der aus Angst, Minderwertigkeitsgefühlen und Wut bis hin zu Hass besteht. Diese Mischung ist sehr explosiv und sehr leicht zu entfachen, wenn Sie unter starker Eifersucht leiden.

Wenn Sie eifersüchtig sind, dann leben Sie in der Angst, von Ihrem Partner nicht mehr geliebt zu werden und ihn deshalb zu verlieren. Diese Angst, die manchmal schon fast in eine Panik ausartet, lässt Sie nicht mehr klar denken und führt dazu, dass Sie „ausrasten“ und verrückt spielen, wenn Sie glauben, Ihr Partner interessiere sich für eine andere Person. Aufgrund Ihrer Unsicherheit bzgl. Ihrer Bedeutung für Ihren Partner verlangen Sie von ihm ständig neue Liebesbeweise und Beteuerungen, dass Sie der einzige Mensch in seinem Leben sind.

Ihr manchmal auftretender Hass richtet sich meist gegen die dritte - in Ihrer Phantasie oder tatsächlich existierende - Person, die Sie als Bedrohung für die Partnerschaft erleben und deshalb als Feind ansehen. Wir Menschen zeigen ein so starkes Gefühl wie Hass in aller Regel dann, wenn wir uns einerseits zutiefst verletzt oder angegriffen, andererseits aber sehr hilflos und ohnmächtig fühlen, wenn wir also nicht wissen, was wir tun sollen.

Ihre Angst, den Partner zu verlieren, und Ihr Ärger haben eine gemeinsame Ursache: starke Selbstzweifel und Minderwertigkeitsgefühle. Sie fühlen sich ungeliebt bzw. zweifeln ständig an der Liebe Ihres Partners zu Ihnen, weil Sie sich selbst nicht mögen. Ihre Unfähigkeit, sich selbst anzunehmen und sich als wertvoll und liebenswert anzusehen, ist letztlich die Hauptursache Ihres eifersüchtigen Verhaltens.

Erst wenn diese Gefühle (Angst, den anderen zu verlieren, Minderwertigkeitsgefühle und Hass) zusammen auftreten, dann spricht man von Eifersucht. Die Angst, den Partner zu verlieren, führt alleine noch nicht dazu, dass ein Mensch eifersüchtig reagiert. Auch Minderwertigkeitsgefühle führen allein genommen noch nicht zu Eifersucht. Es ist diese Mischung von Gefühlen, die Eifersucht so gefährlich und leidvoll macht.

Eifersuchtsfallen: Behauptungen über die Eifersucht, die sich hartnäckig halten - deshalb aber noch lange nicht wahr sind.

Wenn von Eifersucht die Rede ist, dann hört und liest man vielerlei Meinungen, die in meinen Augen nicht haltbar, ja, sogar gefährlich sind. Gefährlich deshalb, weil diese Behauptungen, wenn wir an sie glauben, verhindern können, dass wir unsere Eifersucht überwinden. Deshalb möchte ich im Folgenden auf die 6 häufigsten dieser Eifersuchtsfallen eingehen.

1. Eifersuchtsfalle

Es ist völlig normal, eifersüchtig zu sein, wenn man einen anderen liebt.

Auch auf die Gefahr hin, mich bei Ihnen unbeliebt zu machen: ich bin anderer Meinung. Nur weil sehr viele Menschen eifersüchtig reagieren, heißt das für mich noch lange nicht, dass es sich hierbei um ein ganz normales Gefühl handelt, das einfach dazugehört, wenn man einen anderen liebt. Schließlich ist es auch nicht normal, einen zu hohen Blutdruck oder Rückenbeschwerden zu haben, nur weil die Mehrheit aller Menschen unter diesen Beschwerden leidet. Die Tatsache allein, dass etwas sehr häufig vorkommt, sagt absolut nichts darüber aus, ob es normal oder gesund ist.

Und im Übrigen: Heißt das, dass Menschen, die das Problem der Eifersucht nicht haben, auch nicht lieben? Was ist mit jenen 20 % der Männer und Frauen, für die Eifersucht kein Problem ist, die nicht toben und ausrasten, wenn sich ihr Partner angeregt mit einem anderen unterhält? Sind all diese Leute pervers und krank, nur weil sie nicht verrückt spielen? Sie sehen, worauf ich hinaus will: Eifersucht ist ein krankmachendes und die Beziehung zerstörendes Gift, das in meinen Augen nichts mit Liebe zu tun hat. Eifersucht ist für mich eine Krankheit wie Depressionen, Angst vor Höhen oder Kopfschmerzen.

Natürlich haben die Verfechter der Theorie, dass es normal sei, eifersüchtig zu reagieren, wenn man einen anderen liebt, insofern Recht, als Eifersucht nur dann aufkommt, wenn der andere einem (zu) viel bedeutet. Nur aber, weil mir jemand sehr viel bedeutet, heißt das doch nicht, dass ich mir und meinem Partner das Leben zur Hölle machen muss. Oder?

2. Eifersuchtsfalle

Eifersucht ist ein Liebesbeweis.

In meinen Augen ist es ein weit verbreiteter Irrtum, dass Eifersucht ein Beweis für die Liebe zu einem anderen Menschen ist. Liebe ist ein positives Gefühl, während Eifersucht eine gefährliche Mischung negativer Gefühle und Handlungen ist. Entweder man ist eifersüchtig, dann ist man dem Partner gegenüber negativ eingestellt, oder man liebt ihn und fühlt sich mit ihm auf eine positive Weise verbunden. Eifersucht und Liebe schließen also einander aus.

Eifersucht macht aus der Liebe ein kaltes und menschenunwürdiges Gefängnis. Einen anderen Menschen zu lieben, bedeutet für mich, ihm seine Freiheit zu lassen, sich zu entfalten und weiterzuentwickeln. Lieben heißt, den anderen bei der Erreichung seiner Wünsche und Ziele zu unterstützen. Der eifersüchtige Mensch tut meist gerade das Gegenteil von all dem. Er engt den Partner ein, will ihn in einen Käfig sperren, um ihn für sich ganz alleine zu haben. Er ist nur an seinem eigenen Wohlbefinden interessiert. Wie es dem anderen geht, ist ihm in dem Moment, wenn er eifersüchtig reagiert, gleichgültig.

3. Eifersuchtsfalle

Eifersucht ist das Salz der Suppe.

Wenn man eifersüchtig ist, dann ist das ganz bestimmt keine Bereicherung für eine Partnerschaft, und schon gar nicht trägt die Eifersucht dazu bei, eine Partnerschaft positiv zu stimulieren und zu beleben. Mit Eifersucht ist eine Beziehung versalzen. Durch das Verhalten des eifersüchtigen Menschen wird eine Beziehung auf eine harte Bewährungsprobe gestellt, und nicht selten kommt es zu einem endgültigen Bruch.

4. Eifersuchtsfalle

Eifersucht ist nicht heilbar.

Niemand kommt als eifersüchtiger Mensch auf die Welt. In bestimmten Situationen mit Eifersucht zu reagieren ist ein gelerntes Verhalten und kann deshalb überwunden werden. Sie können Ihre Angst vor dem Verlust des Partners abbauen, indem Sie lernen, sich selbst als liebenswert anzusehen. Dann wird Eifersucht für Sie auch kein Thema mehr sein. Eifersucht ist heilbar! Dies belegen nicht nur die Fortschritte meiner Patienten, sondern auch die vieler Patienten meiner Kollegen.

5. Eifersuchtsfalle

Eifersucht schützt die Beziehung, hält die Leidenschaft frisch und sorgt für prickelnde Erotik.

Wie sollen Vorwürfe, Unterstellungen und Misstrauen eine Beziehung schützen? Wie soll Misstrauen eine Liebe stärken, wie immer mal wieder zu lesen ist? Die Basis für eine gute Beziehung sind für mich Vertrauen, Unterstützung des anderen und die Freiheit, sch entwickeln und entfalten zu können. All das verhindert die Eifersucht jedoch. Und für eine prickelnde Erotik brauche ich dieses Gift auch nicht. Es gibt genügend andere positive Möglichkeiten, Spaß am Sex zu haben und diesen lebendig und aufregend zu gestalten.

6. Eifersuchtsfalle

Es gibt eine normale und eine krankhafte Eifersucht.

Das ist genauso, als würde man sagen, es gibt normale Rückenbeschwerden und krankhafte Rückenbeschwerden. Rückenbeschwerden sind immer ein Signal dafür, dass etwas nicht in Ordnung ist. Gewiss, es gibt Rückenbeschwerden, mit denen man leben kann und die man nicht unbedingt behandeln muss. Lästig sind sie aber allemal. Und genau so verhält es sich in meinen Augen mit der Eifersucht. Ganz abgesehen davon: Wann ist eine Eifersucht noch normal, und wann ist sie krankhaft? Würden wir 100 Menschen befragen und sie normal und krankhaft definieren lassen, dann bekämen wir wahrscheinlich hundert verschiedene Definitionen von normal und krankhaft.

Mit anderen Worten: Sie selbst müssen entscheiden, ob Sie Ihre Eifersucht gut oder schlecht finden. Die Tatsache, dass Sie dieses Buch gekauft haben, zeigt, dass Sie dieses Verhalten stört und etwas dagegen tun möchten. Zu erkennen, dass Ihre Eifersucht Ihre Beziehung belastet und Sie etwas dagegen unternehmen möchten, ist ein wichtiger

Schritt zur Beziehungsreife. Die Eifersucht ist es, auch wenn es oft behauptet wird, nicht.

Im nächsten Kapitel finden Sie einen Test, der Ihnen darüber Aufschluss gibt, wie stark Ihre Eifersucht ist. Doch zuvor möchte ich Sie bitten, sich kurz zu notieren, was Sie sich von diesem Kapitel merken möchten. Das ist sehr wichtig. Denken Sie daran: Das ist kein Roman, den Sie zu Ihrem Vergnügen lesen. Dieses Buch ist ein Selbsthilfe-Buch, und es wird Ihnen nur dann etwas bringen, wenn Sie etwas dafür tun. Sie können nur ein Wissen anwenden, das Sie haben. Deshalb ist es wichtig, dass Sie aus jedem Kapitel etwas für sich mitnehmen. Ihre eigene Zusammenfassung zeigt Ihnen, ob Sie das Kapitel gründlich gelesen oder nur überflogen haben.

Was möchte ich mir merken?

Betrachten Sie Ihre Eifersucht als Chance, zu wachsen und persönlich zu reifen.

2
Wie eifersüchtig bin ich?

Mit Hilfe des folgenden Tests können Sie herausfinden, wie stark Ihre Eifersucht Ihr Leben beeinträchtigt. Der Einfachheit halber spreche ich immer von dem Partner, der jedoch sowohl männlich als auch weiblich sein kann.

Lesen Sie jede der folgenden Feststellungen durch. Überlegen Sie, ob diese auf Sie

2 = immer zutreffen,
1 = manchmal zutreffen, oder
0 = selten zutreffen.

Notieren Sie die Zahl (1, 2 oder 0) vor jeder Feststellung. Danach zählen Sie Ihre Punkte zusammen.

1. Wenn ich mit meinem Partner ausgehe, beobachte ich sehr aufmerksam, ob er mit anderen flirtet.

2. Ich neige dazu, mich mit anderen zu vergleichen und mich selbst sehr kritisch zu sehen.

3. Ich kann mich nicht gut alleine beschäftigen. Ich brauche immer jemanden, der sich um mich kümmert.

4. Wenn mein Partner mal nicht gut drauf ist, denke ich gleich, er mag mich nicht mehr.

5. Ich unternehme Aktivitäten mit meinem Partner, auch wenn mich diese nicht interessieren. Hauptsache ich bin dabei.

6. Ich vermeide Streit, aus Angst, meinen Partner zu verlieren.

7. Es fällt mir schwer, meinen Partner abends alleine weggehen zu lassen.

8. Ich kann es nicht gut verkraften, wenn andere erfolgreicher sind als ich.

9. Wenn mein Partner sich verspätet, denke ich gleich an einen Seitensprung.

10. Ich durchsuche heimlich die Taschen und die Post meines Partners, um zu kontrollieren, ob er mir alles erzählt.

11. Eifersucht ist für mich ein Beweis für Liebe und Interesse am anderen.

12. Ich belausche meinen Partner am Telefon.

13. Die Vorstellung, meinen Partner zu verlieren, kann ich nicht ertragen.

14. In unserer Partnerschaft kommt es zu heftigen Szenen, weil sich mein Partner von mir kontrolliert und eingeengt fühlt.

15. Wenn mein Partner alleine unterwegs ist, kann ich mich nicht entspannen.

16. Wenn ich spüre, dass mein Partner bei anderen gut ankommt, dann macht mich das rasend oder sehr traurig.

17. Wenn ich mich über meinen Partner aufrege, bekomme ich manchmal körperliche Beschwerden, wie

beispielsweise Kopf- und Magenschmerzen.

18. Wenn mein Partner sich mit anderen unterhält, fühle ich mich ausgeschlossen.

Auswertung

Wenn Sie mehr als **25 Punkte** haben, dann ist die Eifersucht Ihr ständiger Begleiter. Sie sehen sich als Opfer Ihres Partners. Er bestimmt quasi mit seinem Verhalten, ob es Ihnen gut oder schlecht geht. Sie sind ständig auf der Suche nach Bestätigung durch ihn. Aus Angst, ihn zu verlieren, stecken Sie zurück. Je mehr Sie Ihren Partner einengen und kontrollieren, desto weniger wird er Sie attraktiv finden. Die Eifersucht muss jedoch nicht Ihr weiteres Leben bestimmen. Sie können Ihre Eifersucht überwinden, indem Sie ihr Selbstwertgefühl stärken. Eine therapeutische Unterstützung kann dabei sehr hilfreich sein.

Wenn Sie zwischen **18 und 24 Punkte** haben, dann ist Ihnen die Eifersucht nicht unbekannt. Immer einmal wieder geraten Sie aus dem Gleichgewicht, weil Sie glauben, Ihr Partner liebe Sie nicht genug oder finde andere attraktiver. Sie sollten lernen, Ihren Blick auf Ihre Stärken zu lenken. Was haben Sie alles an Fähigkeiten und Eigenschaften anzubieten, die Sie liebenswert machen? Räumen Sie Ihrem Partner nicht so viel Raum in Ihrem Leben ein, sondern bauen Sie sich einen eigenen Freundeskreis und eigene Interessen auf.

Im nächsten Kapitel wollen wir uns anhand einiger Klienten aus meiner Praxis anschauen, wo genau die Ursachen für Ihre Eifersucht liegen und welche Folgen es hat, eifersüchtig zu sein.

3
Wie äußert sich Eifersucht und welches sind die Ursachen?

Birgit war eine verheiratete Frau Ende 30. Sie machte auf mich einen sehr energischen Eindruck, als sie mir berichtete, dass sie unter starken Ängsten leide. Wie sich sehr schnell herausstellte, war ihr eigentliches Problem ein ganz anderes: Sie litt unter einer sehr starken und die Partnerschaft gefährdenden Eifersucht.

Birgit ist eine der eifersüchtigsten Menschen, die ich je in meiner Praxis kennengelernt habe. Besonders schlimm war ihre Eifersucht, wenn sie und ihr Mann Herbert sich auf einer Party befanden. Bei solchen Anlässen stand Birgit Todesqualen aus. Sie ließ ihren Mann keinen Augenblick aus den Augen. Blickte er in die Richtung einer anderen Frau, kochte Birgit vor Wut. Am liebsten hätte sie ihm dann eine Szene gemacht und ihn vor allen Leuten zur Rede gestellt. Ihre Eifersucht steigerte sich noch, wenn ihr Mann sich mit einer anderen Frau unterhielt oder gar mit ihr tanzte. Im Anschluss an solche geselligen Treffen machte Birgit ihrem Mann regelmäßig bitterböse Vorhaltungen. Sie löcherte ihn mit Fragen, wer diese Frauen gewesen seien, seit wann er sie kenne, was er mit ihnen habe, usw. Sie warf ihm vor, dass er sie durch sein „Brunftverhalten“ vor anderen lächerlich mache, sie vernachlässige und sich auf ihre Kosten amüsiere. Dabei wisse er doch ganz genau, wie sehr er ihr durch sein unmögliches Verhalten ihr Leben schwer mache.

Birgit lebte ständig in der Angst, ihr Mann könne eine

andere Frau attraktiver finden. Deshalb durchsuchte sie immer seine Kleider nach Notizen und anderen Beweisstücken. Von ihrem Mann verlangte sie ständig Rechenschaft, mit wem er wann und warum zusammen war. Kam er später nach Hause, als er am Morgen gesagt hatte, dann konnte er sichergehen, dass Birgit ihn mit Fragen nach seinem Verbleiben bombardieren würde. Er wusste auch, dass Birgit keine seiner Erklärungen gelten lassen und ihm nicht glauben würde.

Birgit war auf alles und jeden eifersüchtig. Traf sich Herbert nach Feierabend mit Kollegen zu einem Bier, dann war Birgit auf seine Kollegen eifersüchtig. Bastelte er an seinem Wagen, dann war Birgit auf den Wagen eifersüchtig. Spielte er mit den Kindern und hatte dabei auch noch Spaß, dann war sie auf die Kinder eifersüchtig. Wenn er alleine seine Mutter besuchte, dann war Birgit auf sie eifersüchtig. Selbst auf den Hund war sie eifersüchtig, wenn er ihn ausführte. Wann immer ihr Mann sich für jemand anderen oder eine Sache Zeit nahm, reagierte Birgit eifersüchtig. Sie fühlte sich ausgeschlossen und glaubte, dass ihr Mann nur deshalb diese Zeit nicht mit ihr verbrachte, weil ihm nichts an ihr liege. Bei diesem Gedanken fühlte sich Birgit zutiefst verletzt und geriet in Panik.

Um den ständigen Vorwürfen seiner Frau zu entgehen, verzichtete Herbert im Laufe der Jahre immer mehr auf seine Vergnügungen. Er brach den Kontakt zu seinen Freunden und Arbeitskollegen ab, ja, selbst Geschäftsreisen versuchte er weitgehend zu vermeiden. Das brachte ihm in seinem Beruf einige Nachteile ein, die er jedoch in Kauf nahm, da er seine Frau liebte. Je mehr Herbert aber aufgab, umso größer wurde seine Unzufriedenheit, und umso mehr machte er Birgit schlimme Vorwürfe, sie behandle ihn wie einen Sklaven.

Als Birgit in Therapie kam, war sie völlig verzweifelt. Ihr

Mann hatte ihr ein Ultimatum gestellt. Entweder sie würde etwas gegen ihre krankhafte Eifersucht tun, oder er würde sich trennen. Dieses Mal werde er seine Drohung wahr machen. Jetzt habe er endgültig die Nase voll.

Birgit tat, was sie bei solchen Anlässen schon öfter getan hatte. Sie flehte ihn auf Knien an, ihr zu verzeihen. Sie versprach, sich ganz gewiss zu bessern. Ein paar Tage biss sie sich auf die Zunge und versuchte unter Aufbietung all ihrer Kräfte, sich zusammenzureißen. Doch dann eines Abends, als ihr Mann später nach Hause kam, platzte ihr der Kragen und sie vergaß alle ihre guten Vorsätze. Vorwürfe über Vorwürfe prasselten über Herbert herein. Nun riss Herbert der Geduldsfaden. Er zog zu Freunden und trennte sich von Birgit.

Es mag sein, dass Sie nicht so eifersüchtig wie Birgit reagieren. Ich habe jedoch Birgits Fall gewählt, da ihr Verhalten in vielerlei Hinsicht für einen eifersüchtigen Menschen charakteristisch ist.

So machte Birgit, wie viele eifersüchtige Menschen, nach außen hin den Eindruck eines selbstsicheren und selbstbewussten Menschen. Sie wusste genau, was sie wollte, und kämpfte verbissen darum. Sie behandelte ihren Mann wie einen Sklaven, dem man befiehlt und der zu gehorchen hat, bedingungslos und ohne Widerrede. Nichteinhaltung der Regeln bestrafte Birgit mit Verweigerung im Bett oder mit tagelangem eisigen Schweigen. Durch nichts, aber auch gar nichts, war Birgit davon zu überzeugen, dass ihr Misstrauen grundlos und ihre Vorwürfe unbegründet waren. Sie wusste es besser. Sie wusste genau, was gespielt wurde.

Birgit wusste ihre Eifersucht immer zu entschuldigen. Sie treffe keine Schuld. Wenn Herbert sich anders verhalten würde, dann wäre alles in Ordnung. Er sei der Schuldige.

Sie müsse zwangsläufig so reagieren, wenn er sich so rücksichtslos verhalte.

Lag es tatsächlich an Herbert, dass Birgit so eifersüchtig reagierte? War er tatsächlich an den ganzen Eifersuchtsszenen seiner Frau schuld? Nein. Herbert traf keine Schuld. Die Ursache für Birgits Eifersucht lag einzig und allein bei ihr. Wenn sie etwas Abstand hatte und nüchtern darüber nachdachte, gestand sie sich das auch ein:

„Ich weiß ja, wie lächerlich ich mich manchmal benehme. Aber bei mir brennt dann einfach die Sicherung durch. Hinterher mache ich mir bittere Vorwürfe, dass ich so ungerecht zu meinem Mann war. Aber es hilft nichts. Ich tue es immer wieder."

Warum durchwühlte Birgit, eine erfolgreiche Abteilungsleiterin und Mutter zweier Kinder, Abfalleimer und Mülltonnen, um darin vermeintliche Beweise für die Untreue ihres Mannes zu finden? Warum zeigte sie immer wieder dasselbe Verhalten, das sie selbst als ziemlich erniedrigend empfand, für das sie sich schämte und das sie selbst nicht in Ordnung fand?

Birgit wusste sich, wie alle eifersüchtigen Menschen, nicht anders zu helfen. Sie verspürte in den Augenblicken, in denen sie eifersüchtig reagierte, eine panische Angst, ihren Mann an eine andere Frau zu verlieren. Sie befürchtete, ihr Mann könne eine andere Frau attraktiver finden und sie dann verlassen.

Wie sich Eifersucht noch äußern kann Weitere Beispiele aus meiner Praxis

Stefanie war Mitte 30. Sie war in meinen Augen eine äußerst attraktive Frau. Als Problem nannte sie in der ersten

Stunde: „Ich will eine enge Freundin haben." Sie sei ganz verzweifelt, dass sie niemanden finde. Erst nach vielen Stunden erkannte ich, was hinter Stefanies Wunsch nach einer engen Freundin steckte: ein tiefes Gefühl der Minderwertigkeit. Stefanie (miss)brauchte die Freundschaft anderer Menschen, um sich wichtig und wertvoll zu fühlen. „Ohne eine enge Freundin", sagte sie, „ist mein Leben leer und sinnlos".

Wenn Stefanie jemanden kennen lernte, dann klammerte sie sich regelrecht an diesen Menschen. Sie versuchte, ihre neue Bekanntschaft von anderen zu isolieren. Ja, sie scheute selbst vor Intrigen nicht zurück. Am liebsten hätte sie diesen Menschen in einen Käfig gesperrt, zu dem nur sie Zutritt hatte.

Traf sich eine Bekannte von ihr mit einer anderen Person, dann fühlte sie sich zurückgesetzt und reagierte eifersüchtig. Wenn andere sich an „ihre" Freunde ranmachten, dann verspürte sie starke Ängste, ihre Freunde zu verlieren. Sie betrachtete jeden, der sich für ihre Bekannten interessierte, als Feind. Tagelang bereitete sich Stefanie unsägliche Qualen, indem sie darüber nachgrübelte, wer von ihren Bekannten sich wohl gerade wieder treffen würde, ohne dass sie dabei sei. Hatte sie niemanden, mit dem sie sich treffen konnte, dann kam sie sich unnütz, unbedeutend, nicht liebenswert und überflüssig vor.

Ich konnte Stefanie nicht helfen. Sie brach die Therapie ab, da sie nicht akzeptieren wollte, dass es ihr mangelndes Selbstwertgefühl ist, durch das sie sich und anderen das Leben so schwer machte.

Manfred war ein äußerst liebenswerter und umgänglicher Mensch, wie übrigens alle eifersüchtigen Menschen, wenn man sie im Alltag in einer nicht „bedrohlichen" Situation trifft.

Manfred hätte am liebsten ein Aschenputtel zur Frau gehabt. Er litt tausend Tode, wenn seine Frau ein neues Kleid trug oder sich hübsch gemacht hatte. Je attraktiver seine Frau in seinen Augen war, umso mehr Angst hatte er vor den bewundernden Blicken und Bemerkungen anderer. In jeder positiven Äußerung eines Mannes sah er sofort den Versuch, ihm seine Frau abspenstig zu machen. Ein Kompliment war für ihn sofort ein Beweis, dass der Konkurrent es auf seine Frau abgesehen hatte.

Als seine Frau einmal 10 Kilogramm abgenommen hatte, sah er rot. Während wohl die meisten Ehemänner darauf positiv reagiert hätten, flippte Manfred total aus. Er machte ihr Vorwürfe wie: „Für wen hältst du dich eigentlich? Du glaubst wohl, was Besseres zu sein. Du willst wohl deine Herkunft verleugnen!", usw. Er zerriss ihre neuen Kleider, schloss sie in die Wohnung ein und verlangte von ihr, wieder zuzunehmen. Er machte ihr endlose Vorhaltungen, dass sie sich bewusst so herausputze, um andere Männer auf sich aufmerksam zu machen.

Je attraktiver der Partner wird, umso schlechter kann es dem eifersüchtigen Menschen gehen. Der eifersüchtige Mensch sieht nun endgültig seine Felle davonschwimmen. Er glaubt immer weniger, der Konkurrenz gewachsen zu sein. Seine Befürchtungen, sein Partner könne mit ihm unzufrieden sein, werden größer.

Christian war auf alle Männer eifersüchtg, die etwas hatten oder konnten, was er nicht hatte oder konnte. Fuhr jemand ein Motorrad und seine Frau Sybille fand das toll, dann war er sofort eifersüchtig auf den anderen. Er bekam dann Angst, Sybille würde ihn nun verlassen. Schwärmte Sybille von einem Popstar oder einer Musikgruppe, dann war er auf den Musiker eifersüchtig.

Wenn ein anderer etwas konnte, das Christian nicht

konnte, dann befürchtete er sofort, für seine Frau nicht mehr interessant zu sein, und fühlte sich unterlegen. In Gegenwart anderer Männer sah er sich in einer ständigen Konkurrenzsituation. Er lebte immer in der Angst, jemand könnte mehr zu bieten haben als er. Hatte seine Freundin keine Lust, mit ihm zu schlafen, dann war das der sichere Beweis für ihn, nicht mehr attraktiv zu sein.

Reginas Angst, ihren Partner zu verlieren, führte dazu, dass sie selbst sehr wenig unternahm. So ging sie nie alleine weg. Nicht, weil sie sich nicht gerne mit Freundinnen getroffen hätte. Nein, sie befürchtete, wenn sie alleine wegginge, dann könnte ihr Mann für sich auch dieses Recht beanspruchen. Das aber wollte Regina mit allen Mitteln verhindern. Sie hatte zuviel Angst, ihr Mann könne, wenn er alleine wegginge, die Bekanntschaft einer anderen Frau machen, die er für attraktiver hielt als sie.

Regina engte also nicht nur ihren Mann in seinem Freiheitsraum ein, sondern auch sich selbst. „Entweder zusammen oder gar nicht", war ihre Devise. So kam es, dass Regina immer unselbständiger und kontaktärmer wurde. Umso mehr fühlte sie sich einsam, und umso mehr klammerte sie sich an ihren Mann und verlangte von ihm, nur für sie da zu sein.

Was ist die Ursache für Birgits, Christians und Reginas Angst und der aller eifersüchtigen Menschen? Es ist ein sehr starkes Gefühl der Minderwertigkeit, das Gefühl, nicht liebenswert und nicht gut genug zu sein.

Minderwertigkeitsgefühle

Der Schriftsteller Max Frisch sagt: „Eifersucht ist die Angst vor dem Vergleich". Warum hat man aber Angst, mit anderen verglichen zu werden? Man befürchtet, bei dem Vergleich schlechter abzuschneiden. Eine häufige Frage, die sich eifersüchtige Menschen stellen, lautet: „Was hat sie/er, was ich nicht habe?“ Man hat Angst, dem Partner nicht (mehr) zu genügen.

Birgit fühlte sich in Gegenwart anderer Frauen immer sehr unwohl. Das kam daher, weil sie diese als Rivalinnen ansah, die ihr gefährlich werden konnten. Sie selbst hielt sich - ungeachtet ihres attraktiven Äußeren und ihrer beruflichen Erfolge - für eine kleine graue Maus. Alle anderen schienen in ihren Augen etwas zu haben, das sie nicht hatte. Die anderen hatten in Birgits Augen einen besseren Geschmack, sahen besser aus, waren intelligenter, konnten sich besser unterhalten, hatten mehr Sex-Appeal, waren weniger gehemmt, usw.

Wenn Sie, liebe Leserin, lieber Leser, eifersüchtig sind, dann deshalb, weil Sie von sich selbst sehr wenig halten. Sie haben die Angewohnheit, sehr gering von sich zu denken. Sie sind sich selbst der größte Feind und Kritiker. Da Sie selbst von sich gering denken, befürchten Sie stets, beim Vergleich mit anderen schlechter abzuschneiden. Dies würde nämlich - so denken Sie - nur beweisen, dass Sie mit Ihrer geringen Meinung von sich Recht hatten.

Es sind die Zweifel an Ihrer eigenen Person, die Sie daran zweifeln lassen, dass Ihr Partner Sie noch mag.

Deshalb ist die Liebe und Anerkennung Ihres Partners für Sie so wichtig. Durch die Liebe Ihres Partners fühlen Sie sich aufgewertet. Da Sie jedoch ständig an sich zweifeln, zweifeln Sie auch ständig an der Liebe Ihres Partners zu Ihnen bzw. leben ständig in der entsetzlichen Angst, Ihr

Partner könne eines Tages etwas herausfinden, das Sie schon längst wissen: nämlich, dass Sie gar nicht so attraktiv und begehrenswert sind. „Schließlich“, so fragen Sie sich vielleicht, „was habe ich schon, was für meinen Partner attraktiv sein kann?“. In Ihren Augen haben Sie doch gar nichts zu bieten. Vielleicht wundern Sie sich sogar, dass Sie überhaupt einen Partner gefunden haben. Sie können sich gar nicht vorstellen, was Ihr Partner an Ihnen so toll findet, dass er mit Ihnen zusammen sein möchte.

Da Sie selbst gering von sich denken, glauben Sie Ihrem Partner nicht, wenn er Ihnen sagt, dass er Sie liebt. Deshalb fordern Sie immer neue Liebesbeweise und sind eifersüchtig auf alles, was für Ihren Partner schön und interessant ist. Deshalb leben Sie ständig in der Angst, Ihr Partner könne einen anderen finden, den er für attraktiver und besser hält. Deshalb wollen Sie Ihren Partner von allen anderen möglichen Rivalen abschirmen und ihn in einen Käfig sperren, zu dem nur Sie Zutritt haben. Deshalb sind Sie vielleicht auf sein Hobby oder seine Skatfreunde eifersüchtig, weil jede Minute, die er nicht mit Ihnen verbringt, in Ihren Augen der Beweis dafür ist, dass Sie ihm nicht wichtig sind. Denn, so denken Sie, wenn Sie ihm wirklich wichtig wären, dann würde er jede freie Minute nur mit Ihnen verbringen.

Wenn wir von uns selbst gering denken, dann glauben wir anderen nicht, dass sie uns lieben. Wir können uns nämlich nicht vorstellen, dass jemand das „Nicht-Liebenswerte“ liebt, und zweifeln deshalb ständig an unserer Attraktivität für andere Menschen.

Man kann anderen nicht erlauben, dass sie einen mehr lieben als man selbst, oder positiv ausgedrückt: In dem Maße, in dem man sich selbst annimmt und liebt, fühlt man sich auch von anderen angenommen und geliebt.

Um es noch einmal ganz deutlich zu sagen: All Ihre im Zusammenhang mit der Eifersucht auftretenden Verlustängste und Ihr Misstrauen haben nur eine Ursache: Sie haben große Selbstzweifel und denken gering von sich. Wenn Sie lernen, sich zu akzeptieren und anzunehmen, wenn Sie also aufhören, von sich schlecht zu denken, dann überwinden Sie Ihre Eifersucht.

In dem Maße,
in dem Sie sich selbst annehmen,
wird auch Ihre Eifersucht geringer.

Aufgrund der Angst, ihren Partner zu verlieren, versuchen viele eifersüchtige Menschen ihren Partner in seinen Freiheiten einzuengen. Sie entwickeln ein sehr starkes Besitzdenken, das zu vielen Konflikten und Streitigkeiten in der Partnerschaft führen kann.

Besitzdenken

Peter ist mit seiner Frau Heidrun auf einer Party. Bei der Begrüßung der Gäste gibt Heidrun dem Cousin ihres Mannes einen Kuss auf die Lippen. Peter zittert innerlich vor Wut, sagt aber nichts. Lesen Sie, was in Peter ablief:

„Das war nicht nötig, noch dazu vor allen Leuten. Das darf sie nicht. Das steht nur mir zu. Sie hat kein Recht, mich so vor allen Leuten zu blamieren".

Auf meine Frage, warum seine Frau seinem Cousin nicht einen Kuss auf die Lippen geben sollte, antwortete er: „Sie weiß genau, dass ich das hasse".

Peter betrachtete seine Frau als seinen Besitz, den

niemand anrühren durfte außer ihm. Er war es, der die Regeln festsetzte, der darüber entschied, was richtig und falsch ist. Seine Frau hatte sich seinen Forderungen zu unterwerfen, waren sie auch noch so unvernünftig und überzogen. Widerspruch wurde sofort im Keim erstickt, notfalls mit Gewalt. Wenn sich Peter nicht mehr anders zu helfen wusste und vor allem, wenn er etwas getrunken hatte, dann schlug er seine Frau.

Peter hatte jedoch 2 Arten von Regeln. Er durfte, was er Heidrun verboten hatte. Er durfte sich mit Freunden zum Skat treffen, er durfte auf den Fußballplatz. Wollte seine Frau sich mit einer Freundin treffen, dann war das nicht drin. Sie hatte zu Hause zu bleiben. Da gehörte sie hin. Selbst wenn eine Freundin von Heidrun anrief, dann war das für Peter eine ernsthafte Bedrohung. Er riss ihr dann manchmal den Hörer aus der Hand, um zu erfahren, mit wem sie sprach. Er machte ihr Vorwürfe, für andere habe sie immer Zeit, nicht aber für ihn.

Ingeborg, eine andere Patientin von mir, sagte: „Ich kann es nicht ertragen, wenn er etwas ohne mich macht. Ich muss ihn immer um mich herum haben, sonst werde ich verrückt. Wenn er weg ist, habe ich keine ruhige Minute. Ich kann dann nicht still sitzen oder mich auf meine Hausarbeit konzentrieren. Ich muss immer wissen, dass er mich noch mag. Solange er noch auf meine Vorwürfe eingeht, weiß ich, dass er mich noch mag."

Ingeborg und Peter behandeln ihren Partner wie ihr Eigentum. Sie versuchen ihren Partner von anderen abzuschirmen, um so das Risiko möglichst gering zu halten, dass ihr Partner jemanden kennenlernt, den er attraktiver und interessanter finden könnte.

Dem anderen die Schuld geben

Birgit und Peter, alle eifersüchtigen Menschen, geben stets dem Partner die Schuld für ihr eifersüchtiges Verhalten. Würde der andere nicht so unverschämt flirten, mit anderen tanzen oder sich angeregt unterhalten, dann wäre ja alles in Ordnung. Der andere ist schuld, dass man immer wieder außer sich gerät und die Kontrolle über sich verliert.

Da eifersüchtige Menschen ihrem Partner die Schuld für ihr Verhalten geben, ist es ganz logisch, dass sie auch erwarten, dass sich der Partner ändert. Tut er es nicht, dann ist das nur wieder ein Beweis für sein Desinteresse und sein rücksichtsloses Verhalten.

Wenn Sie eifersüchtig sind und dieses Verhalten ablegen wollen, dann ist der erste Schritt, dass Sie für Ihre Eifersucht die Verantwortung übernehmen. Ihr Partner ist nicht für Ihre Probleme verantwortlich. Er macht Sie nicht eifersüchtig, auch wenn er noch so wild flirten oder sich angeregt unterhalten sollte. Sie machen sich selbst durch Ihre Gedanken und Phantasien eifersüchtig. Sie sind es, der aus einem harmlosen Gespräch einen heißen Flirt macht. Sie sind es, der einen freundlichen Blick als eine Liebesaffäre deutet. Sie sind es, der in einem Kompliment gleich einen Heiratsantrag sieht.

Es sind Ihre Gedanken über wahrscheinlich ganz harmlose und alltägliche Dinge, mit denen Sie sich all diese Probleme machen. Selbst wenn Ihr Partner einem anderen schöne Augen macht und durch sein Verhalten ganz deutlich zeigt, dass er in diesen verknallt ist, ja, selbst wenn Sie ihn in flagranti mit einem anderen erwischen sollten: Ihr Partner macht Sie nicht eifersüchtig.

Ihre Eifersucht ist die Folge Ihres geringen Selbstwertgefühls. Sie fühlen sich zurückgesetzt und in Ihrem

Stolz verletzt. Sie fühlen sich angegriffen und in Ihrer Eitelkeit gekränkt. Machen Sie nicht Ihren Partner für etwas verantwortlich, für das Sie selbst ganz alleine die Verantwortung tragen.

Selbstverständlich will ich damit nicht sagen, dass Sie es in Ordnung finden sollten, wenn Ihr Partner fremdginge. Ich will damit auch nicht sagen, dass Sie in einer solchen Situation völig gelassen bleiben sollten. Nein, überhaupt nicht. Es wäre absolut angemessen und verständlich, wenn Sie enttäuscht und verärgert wären. Jedoch wie ein Verrückter zu toben oder gar den Wunsch zu haben, den Partner zu töten, das ist keine angemessene Reaktion.

Warum trauen Sie Ihrem Partner nicht? Ihr Misstrauen hat absolut nichts mit dem Verhalten Ihres Partners zu tun. Ihr Misstrauen ist lediglich der Ausdruck Ihrer großen inneren Unsicherheit, die Sie verspüren. Sie sind sich Ihrer selbst nicht sicher. Ihre innere Unsicherheit kommt daher, weil Sie jeden anderen für attraktiver halten als sich. Sie fragen sich ständig, ob Ihr Partner mit Ihnen noch zufrieden ist. Sie zweifeln an Ihrer Attraktivität und stellen sich immer wieder in Frage.

Es sind die Zweifel an Ihrer Person,
die Sie daran zweifeln lassen,
ob Ihr Partner Sie noch mag.

Hans, ein Patient von mir, drückte es so aus: „Ich kann es nun mal nicht haben, wenn sie sich von Freunden umarmen oder sogar abtatschen lässt. Da hört es bei mir auf. Ich habe dann tierische Angst, Nicole zu verlieren. Ich weiß, dass ich nicht gut genug für sie bin. Vielleicht bin ich deshalb so streng mit ihr."

Sie sind sich Ihrer so unsicher, dass Sie glauben, jedem anderen unterlegen zu sein. Deshalb verlangen Sie von

Ihrem Partner, dass er ausschließlich für Sie da ist. Deshalb wollen Sie sichergehen, dass Sie der einzige Mensch im Leben Ihres Partners sind. Das ist Ihr eigentliches Problem.

Machen Sie deshalb nicht den anderen für Ihre Schwierigkeiten verantwortlich. Der andere macht Sie nicht eifersüchtig. Er kann nichts dafür, dass Sie ständig Angst haben, ihn zu verlieren, weil Sie denken, Sie seien nicht gut genug für ihn. Lernen Sie, sich selbst mehr zu akzeptieren und zu lieben. Das ist die Lösung für Ihr Problem.

Fassen wir zusammen

1.

Die Ursachen von Eifersucht sind starke Gefühle der Minderwertigkeit und Unterlegenheit.

2.

Eifersüchtige Menschen wollen ihren Partner ganz für sich alleine haben, da sie Angst haben, ihn zu verlieren. Sie geben ihm die Schuld für ihre Eifersucht.

3.

Eifersüchtige Menschen haben immer Angst vor dem Vergleich. Sie befürchten, schlechter abzuschneiden und dadurch für ihren Partner nicht mehr interessant zu sein.

Im nächsten Kapitel wollen wir uns mit einem Thema beschäftigen, das für alle eifersüchtigen Menschen von sehr großem Interesse ist: der begründeten Eifersucht. Doch ehe Sie weiterlesen, notieren Sie sich bitte, was Sie sich von diesem Kapitel merken möchten. Sie wissen ja: Man kann nur ein Wissen anwenden, das man hat. Machen Sie also bitte diese kleine Hausaufgabe.

Was möchte ich mir merken?

In dem Maße,
in dem wir an uns
selbst glauben,
stärken wir unser
Selbstvertrauen.

4
Begründete Eifersucht

Vielleicht ging Ihnen beim Lesen der ersten beiden Kapitel die Frage durch den Kopf: „Schön und gut. Aber wie steht es damit, wenn mein Partner tatsächlich fremdgegangen ist und ich mir das nicht nur in meiner Phantasie ausgemalt habe? Habe ich dann nicht allen Grund, eifersüchtig zu sein? Ist dann meine Eifersucht nicht begründet?"

Meine Antwort ist: „Nein". In meinen Augen gibt es so etwas wie eine begründete Eifersucht nicht. Aus Ihrer Sicht mag Ihre Eifersucht natürlich begründet sein, wenn Sie feststellen, dass Ihr Partner fremdgegangen ist. Sie sehen nun Ihr Misstrauen bestätigt und glauben, dass Sie zu Recht eifersüchtig sind.

Das ist jedoch genauso, als würde ein Mensch, der starke Ängste hat, durch eine Prüfung zu fallen, sich darin bestätigt sehen, dass er allen Grund hatte, sich in Angst zu versetzen, wenn er tatsächlich durch eine Prüfung gefallen ist. Sich wegen der Möglichkeit, durch die Prüfung zu fallen, in panische Angst zu versetzen, ist als solches eine übersteigerte Reaktion, die auch dadurch im Nachhinein nicht gerechtfertigt oder begründet wird, dass man tatsächlich durch die Prüfung gefallen ist. Im Gegenteil: Man könnte sogar sagen, dass er sich gerade durch seine panische Angst so blockiert hat, dass er in der Prüfung keinen klaren Gedanken fassen konnte und deshalb die Prüfung nicht bestanden hat.

So, wie sehr starke Prüfungsangst dazu führen kann,

dass man durch eine Prüfung fällt, so kann ein eifersüchtiges Verhalten für den Partner der Anlass sein, fremdzugehen. Ich habe in meiner Praxis ein paar Mal erlebt, dass der Partner eines eifersüchtigen Menschen aus Trotz fremdgegangen ist. Nachdem ihm sein eifersüchtiger Partner zum x-ten Male vorgehalten hatte, er hätte etwas mit einem anderen, ging er fremd, weil er sich dachte: „Wenn du mich schon die ganze Zeit verdächtigst und mir Vorhaltungen machst, dann kann ich es auch tatsächlich tun. Dann wirst du schon sehen, was du von deiner Eifersucht hast."

Eine Patientin, deren Partner sehr eifersüchtig war, sagte: „Seit Jahren verdächtigt mich mein Partner, dass ich fremdgehe - obwohl ich ihm immer treu war. Jetzt bin ich aus Trotz fremdgegangen. Wenn ich schon für etwas beschimpft und bestraft werde, dann möchte ich es auch begangen haben."

Nun ist es sicherlich keine Rechtfertigung oder Entschuldigung, fremdzugehen, nur weil der Partner eifersüchtig ist. Ich möchte damit lediglich zeigen, dass Ihr Partner Ihre Eifersucht zum Anlass nehmen kann, um auf dumme Gedanken zu kommen. Um es jedoch ganz deutlich zu sagen: Wenn Ihr Partner Ihre Eifersucht zum Anlass nimmt, um tatsächlich fremdzugehen, dann ist das nicht Ihre Schuld. Dafür trägt der Partner die alleinige Verantwortung.

Doch kehren wir zu der „begründeten Eifersucht" zurück. Im Grunde genommen ist es nicht so sehr die Frage, ob es eine begründete Eifersucht gibt, und was man dagegen tun kann, als sich zu fragen: „Möchte ich eifersüchtig sein?". Wenn Sie diese Frage mit „Nein" beantworten, wenn Sie also für sich entscheiden, dass Ihre Eifersucht niemandem etwas Gutes tut, dann spielt es keine Rolle, ob Ihre Eifersucht „begründet" ist oder nicht.

Wenn Ihr Partner fremdgegangen ist, dann ist das meist ein Signal dafür, dass in Ihrer beider Beziehung, abgesehen von Ihrem Problem der Eifersucht, etwas nicht stimmt. In der Industrie gebraucht man den Begriff der „inneren Kündigung“. Damit ist gemeint, dass ein Angestellter zwar noch in der Firma arbeitet, er sich aber innerlich quasi schon entschieden hat, zu kündigen. Die Folge davon ist, dass seine Arbeit darunter leidet oder er öfters krank feiert. Viele Menschen bleiben aus Bequemlichkeit, aber meistens aus Angst, bei ihrem Partner, obwohl ihnen nichts mehr an ihm liegt. In solchen Fällen kommt es dann häufig zu Seitensprüngen.

Führen Sie mit Ihrem Partner ein Gespräch, wenn sich dieser darauf einlässt. Fragen Sie ihn, womit er in ihrer beider Beziehung nicht mehr zufrieden ist. Fragen Sie ihn nach seinen Wünschen und Bedürfnissen, und ob SIE diese nicht befriedigen können. Denn Liebe ist im Grunde genommen nichts anderes, als dem anderen das zu geben, was dieser möchte. Doch darauf gehe ich in einem anderen Kapitel noch ausführlicher ein.

Wenn Ihr Partner Ihnen jedoch sagt, dass Sie ihn durch Ihre „ewige Eifersucht“ in die Arme eines anderen getrieben haben, dann akzepteren Sie diesen Vorwurf nicht. Damit will er dann nur sein Vergehen rechtfertigen und entschuldigen und sich vor der Verantwortung für sein Verhalten drücken. Für seine Affäre und die sich daraus möglicherweise ergebenden Konsequenzen muss er ganz alleine die Verantwortung übernehmen.

Sie haben keine Schuld an seinem Seitensprung. Machen Sie sich also bitte keine Vorwürfe, dass Sie nun auch noch die Schuld an seinem Seitensprung haben. Damit tun Sie sich überhaupt keinen Gefallen. Im Gegenteil, Sie tun sich selbst sehr unrecht und verschlimmern Ihre Lage nur noch. Jede dritte Ehe wird geschieden, aber nur selten deshalb, weil ein eifersüchtiger Partner im Spiel ist. Die Menschen gehen fremd und trennen sich aus vielen anderen Gründen.

Wenn sich Ihr Partner also von Ihnen trennen will, oder wenn er eine Affäre hat, dann geben Sie sich hierfür nicht die Schuld. Ich weiß, dass dies für Sie sehr schwierig sein mag, aber versuchen Sie es trotzdem. Der Grund, warum Sie möglicherweise dazu neigen, sich die Schuld zu geben, ist, dass Sie sowieso schon ein ziemlich schlechtes Gewissen wegen Ihrer Eifersucht haben. Sie wissen, dass Sie sich Ihrem Partner gegenüber aufgrund Ihrer Eifersucht sehr oft ungerecht verhalten und dass Ihr Misstrauen für Ihren Partner sehr belastend ist.

Lernen Sie zu akzeptieren, dass Sie dieses Problem im Moment noch haben, und akzeptieren Sie sich mit dieser Schwäche. Auch wenn das leicht dahergesagt ist, weiß ich, dass es Ihnen sehr schwerfällt. Dennoch ist es ein sehr wichtiger Schritt in Ihrer Therapie.

Sabine befand sich wegen ihrer Eifersucht bei mir in Therapie. Gegen Ende der Therapie, als sie ihre Eifersucht so gut wie überwunden hatte, trennte sich ihr Mann von ihr. Für Sabine brach eine Welt zusammen. Sie sagte: „Jetzt habe ich mir solche Mühe gegeben und bin extra in Therapie gegangen, und jetzt verlässt mich dieser Scheißkerl. Womit habe ich das verdient? Das ist ungerecht. Jetzt war alles umsonst."

Solche Gedanken sind im ersten Moment recht verständlich. Bei näherem Hinsehen jedoch erweisen sie sich als nicht hilfreich. Als Sabine und ich uns darüber unterhielten, erkannte sie, dass sie diese Therapie im Grunde genommen in erster Linie für sich selbst gemacht hatte. Sie war in Therapie gekommen, da sie ein Problem hatte. Sicherlich war ihr Mann der Anstoß hierfür gewesen, da er unter der Eifersucht von Sabine sehr litt. Aber wichtig war die Therapie doch alleine für Sabine, denn sie hatte am meisten unter ihrer Eifersucht gelitten. Sie verbrachte Stunden und Tage mit schlechten Gefühlen.

Auch wenn ihr Mann sie nun verlassen würde, so hatte die Therapie doch ihr Gutes. Sabine war 28 Jahre alt, und es würde nur eine Frage der Zeit sein, bis sie einen anderen Partner kennenlernen und mit diesem zusammenleben würde. Dann hätte sie viel bessere Startbedingungen für diese Partnerschaft, und sie und ihr neuer Partner hätten die Chance, zusammen eine bessere Beziehung zu haben als Sabine in ihrer ersten Ehe.

Wenn Sie also in einer ähnlichen Situation wie Sabine sind, dann denken Sie daran, dass Sie in erster Linie für sich etwas Gutes tun, wenn Sie lernen, Ihre Eifersucht in den Griff zu bekommen. Wenn andere davon profitieren, dann ist das wunderbar, doch nicht das vorrangige Ziel.

Fassen wir zusammen

1.

Es gibt keine begründete Eifersucht. Wenn Ihr Partner fremdgegangen ist, dann war Ihre Eifersucht deshalb nicht gerechtfertigt. Die Frage, die Sie sich stellen müssen, lautet: „Möchte ich meine Eifersucht behalten, oder möchte ich sie ablegen, da ich erkenne, dass sie mir und meinem Partner keinen guten Dienst erweist?“.

2.

Wenn Ihr Partner eine Affäre hatte oder sich trennen will, dann geben Sie nicht sich oder Ihrer Eifersucht die Schuld hierfür. Ihre Eifersucht kann mit zu seiner Entscheidung beigetragen haben, aber sie ist nicht die Ursache für das Verhalten Ihres Partners. Ihr Partner musste nicht fremdgehen, nur weil Sie eifersüchtig sind. Er hatte die Wahl. Machen Sie sich also keine Vorwürfe und geben sich nicht die Schuld für das Verhalten Ihres Partners.

3.

Fragen Sie Ihren Partner, was Sie tun können, damit seine Wünsche und Bedürfnisse mehr erfüllt werden. Sagen Sie ihm, welche Bedürfnisse Sie haben, und lernen Sie, für Ihre Zufriedenheit selbst zu sorgen.

4.

Auch wenn sich Ihr Partner von Ihnen trennen sollte, ist es nicht zwecklos, wenn Sie daran arbeiten, Ihre Eifersucht zu überwinden. Sie tun das für sich und sonst niemanden auf der Welt.

Was möchte ich mir merken?

5
Es gibt Hilfe - auch für Sie

Wenn Menschen zu mir in die Praxis kommen, dann erhoffen sie sich Hilfe von mir oder glauben, dass ich ihnen helfen kann. Gleichzeitig erlebe ich aber auch ein großes Misstrauen und Zweifel, ob ihnen überhaupt zu helfen ist.

Dieser Pessimismus vieler meiner Patienten ist ganz verständlich und normal. Meist haben sie ihre Probleme, wegen derer sie zu mir kommen, schon viele Jahre. Sie waren vielleicht schon bei anderen Kollegen oder Ärzten und haben es nicht geschafft, ihre Probleme zu überwinden. Sie haben deshalb die Hoffnung schon fast aufgegeben, dass es Hilfe für sie gibt. Immer wieder höre ich Worte wie: „So bin ich nun mal.“, „Ich war schon immer so.“, „Meine Mutter war auch schon so.“

Kennen Sie auch solche Gedanken? Wenn ja, dann streichen Sie diese aus Ihrem Kopf. Sie sind nicht als eifersüchtiger Mensch auf die Welt gekommen. Sie kamen nicht mit Depressionen, Minderwertigkeltsgefühlen und Ängsten auf die Welt. Diese negativen Gefühlsgewohnheiten haben Sie ebenso gelernt wie das Autofahren oder das Essen mit Messer und Gabel. Was Sie aber gelernt haben, können sie auch wieder verlernen. Sie können lernen, einmal erworbene Angewohnheiten durch neue, hilfreichere zu ersetzen.

Sicherlich. Es ist meist leichter, sich schlechte Gewohnheiten anzueignen, als sich diese wieder abzugewöhnen. Es ist auch gar keine Frage, dass das Ändern fest eingefahrener Denk- und Verhaltensweisen Zeit und Ausdauer erfordert. Aber denken Sie immer daran: Was man lernt, kann man auch wieder verlernen. Es spielt dabei überhaupt keine Rolle, wie alt Sie sind und wie lange Sie das Problem schon haben. Der Satz „Was Hänschen nicht lernt, lernt Hans nimmermehr" stimmt nicht.

Vielleicht kennen Sie in Ihrem Bekanntenkreis Menschen, die von heute auf morgen mit dem Rauchen aufgehört haben. Nach 10, 20 und mehr Jahren geben diese Menschen eine starke Angewohnheit auf. Oder nehmen Sie Alkoholiker. Es gibt Tausende von Alkoholikern, die an einem Tag in ihrem Leben den Entschluss fassten: „Ich höre auf", und es dann auch taten. Mit dem Rauchen oder dem Trinken aufzuhören, ist zumindest ebenso schwierig, wie die Angewohnheit aufzugeben, eifersüchtig zu sein.

Die Hauptursache für Ihre Eifersucht ist Ihr negatives Selbstwertgefühl. Dieses hat sich im Laufe Ihres Lebens entwickelt. Sie sind damit nicht geboren worden und können deshalb lernen, sich selbst anzunehmen.

Sie können Ihr eifersüchtiges Verhalten aufgeben, wenn

1. Sie für Ihre Eifersucht die Verantwortung übernehmen
2. und lernen, sich selbst anzunehmen und zu mögen.

Sind Sie bereit dazu?
Höre ich Sie „Ja" sagen?

Dann lassen Sie uns
mit Ihrer Therapie beginnen.

Eine bessere Zukunft
wartet auf Sie,
wenn Sie Ihr Leben
in die Hand nehmen.

6
Übernehmen Sie die Verantwortung für Ihre Eifersucht

Wenn Sie sich einmal genau beobachten, wenn Sie eifersüchtig sind, dann werden Sie feststellen, dass Ihnen eine Menge Gedanken durch den Kopf gehen. Diese könnten so aussehen:

„So eine Unverschämtheit. Was fällt ihm (dem Partner) ein, dem anderen schöne Augen zu machen. Das steht nur mir zu. Er (der Partner) findet den anderen attraktiver als mich. Ich bin ihm (dem Partner) gleichgültig."

Wenn Ihr Partner einem anderen zulächelt, dann haben Sie vielleicht sogar ein Bild vor Augen, in dem Sie Ihren Partner fremdgehen sehen. Sie haben möglicherweise eine sehr lebhafte Phantasie, in der sich eine Liebesgeschichte und ein sexuelles Abenteuer nach dem anderen abspielen. In den Hauptrollen sind Ihr Partner und ein anderer.

Durch solche und ähnliche Gedanken und Bilder versetzen Sie sich in panische Angst und Wut. Es sind solch negative Gedanken und Vorstellungen, durch die Sie sich immer wieder Ihre schlechten Gefühle machen und sich in Schwierigkeiten bringen.

Diesen Zusammenhang zwischen Ihrem Denken und Fühlen bezeichne ich als ABC der Gefühle. Schauen wir uns an, was es damit auf sich hat.

A steht für die Situation, also zum Beispiel:
Mein Partner tanzt mit jemand anderen.
Mein Partner kommt später nach Hause als verabredet.
Mein Partner unterhält sich angeregt.

B steht für Ihre Gedanken und Phantasien, die Sie sich in dieser Situation machen:
„Er hat kein Recht dazu.
So eine Unverschämtheit.
Das gehört sich nicht.
Ich bin ihm nicht gut genug.
Die anderen sind viel attraktiver als ich.
Sie sollte sich nicht so benehmen.
Ich ertrage das nicht.
Diese ewige Nörgelei geht mir auf den Wecker."
„sehe meinen Partner in den Armen einer anderen."

C steht für Ihre Gefühle und Verhaltensweisen:
Ärger, Wut, Angst, Niedergeschlagenheit,
stelle den anderen zur Rede,
mache meinem Partner Vorwürfe,
kritisiere meinen Partner.

Seelischer Schmerz ist immer die Folge negativer Gedanken und Einstellungen. Weder die Situation noch der Partner können Ihnen schlechte Gefühle machen. Diese machen Sie sich selbst durch die Art und Weise, wie Sie über die Situation oder das Verhalten Ihres Partners denken.

Ganz anders ist das bei körperlichen Schmerzen. Wenn Ihnen jemand eine Ohrfeige gibt, dann fügt Ihnen der andere tatsächlich einen Schmerz zu. Sie haben dann nicht die Wahl, ob Ihnen die Ohrfeige weh tut oder nicht. In diesem Fall ist es völlig richtig zu sagen: „Der andere hat mir weh getan."

Wenn Sie sich jedoch ärgern, wenn Ihnen jemand eine Ohrfeige gegeben hat, dann deshalb, weil Sie sich ärgerliche Gedanken machen. Ihren Ärger machen Sie sich selbst durch die Art und Weise, wie Sie das Verhalten des anderen bewerten. Sie sagen sich vielleicht: „So eine Unverschämtheit. Was fällt dem ein? Der hat wohl nicht mehr alle Tassen im Schrank. Dem werde ich's zeigen."

Wenn Sie so denken, dann müssen Sie sich ärgern. Sie können bei solch ärgerlichen Gedanken nicht ruhig bleiben. Das ist völlig unmöglich. Wenn Sie so denken, haben Sie keine andere Wahl, als sich zu ärgern.

Verstehen Sie mich nicht falsch. Ich sage nicht, dass Sie sich nicht ärgern dürfen. Ich sage auch nicht, dass es falsch ist, sich zu ärgern. Ich schlage nicht vor, Sie sollen dem anderen auch Ihre andere Wange hinhalten. Wie Sie reagieren möchten, das ist Ihre ganz persönliche Angelegenheit. Alles, was ich damit sagen will, ist, dass Sie sich selbst durch die Art Ihrer Gedanken ärgerlich machen.

Sicherlich haben Sie schon einmal jemanden beobachtet, der in einer Situation völlig anders reagierte, als Sie es getan hätten. Sie dachten sich vielleicht: „Ich versteh nicht, warum der sich so aufregt. Da ist doch nichts dabei." Sie wären in dieser Situation ruhig geblieben.

Dieses Beispiel zeigt Ihnen, dass zwei Menschen, die ein und dasselbe erleben, verschieden reagieren können. Wenn es die Situation wäre, die uns die guten oder schlechten Gefühle macht, dann müssten wir alle gleich reagieren. Da das aber nicht der Fall ist, muss es an der Art und Weise liegen, wie jeder mit der Situation umgeht, d.h. wie jeder über die Situation denkt.

Wenn Sie negative Gefühle vermeiden oder abbauen wollen, dann müssen Sie lernen, anders zu denken. Wenn

Sie Ihr eifersüchtiges Verhalten ablegen wollen, dann geht das nur, wenn Sie lernen, anders über sich und andere zu denken. Es liegt nicht an Ihrem Partner oder dessen Verhalten, dass Sie eifersüchtig reagieren. Es liegt an Ihnen, an der Art und Weise, wie Sie denken.

Worum es mir also geht, ist, dass Sie die Verantwortung für Ihr Denken, Fühlen und Handeln übernehmen. Das bedeutet zuallererst, dass Sie aufhören, Ihrem Partner die Schuld für Ihre Eifersucht zu geben. Es bedeutet, dass Sie sich klarmachen:

> „Es sind meine negativen Gedanken und Phantasien, mit denen ich mir und meinem Partner das Leben schwer mache. Mein Partner kann nichts dafür, dass ich Angst habe, ihn zu verlieren."

Wenn Sie nicht bereit sind, für Ihre Eifersucht die Verantwortung zu übernehmen, dann schenken Sie dieses Buch einem lieben Freund. Sie werden nämlich nichts für sich daraus lernen.

Was bedeutet es, Verantwortung für seine Eifersucht zu übernehmen?

1. Es bedeutet, dass Sie aufhören zu sagen:

„Wenn Du nicht dauernd ..., dann wäre alles gut."
„Du machst mich rasend."
„Du machst mich eifersüchtig."
„Deine ewige Flirterei macht mich ganz krank."
„Dein ewiges Zuspätkommen bringt mich auf 180."
„Du machst mir Angst."
„Wegen Dir kann ich nicht schlafen."

2. Es bedeutet, dass Sie stattdessen zu sich sagen:

„Ich mache mich rasend."
„Ich mache mich eifersüchtig."
„Ich mache mich wahnsinnig."
„Ich bringe mich auf 180."
„Ich versetze mich in Angst."
„Ich raube mir den Schlaf."

Ich weiß, es klingt sehr ungewohnt, sich zu sagen, dass man sich selbst in Angst versetzt oder den Schlaf raubt. Wenn Sie sich jedoch angewöhnen, sich als den Urheber Ihrer negativen wie auch positiven Gefühle anzusehen, dann sind Sie auf der Straße der Besserung. Es sind Ihre negativen Selbstgespräche, die Sie mit sich selbst führen, durch die Sie sich eifersüchtig, ärgerlich, wütend, ängstlich oder deprimiert machen. Weder andere Menschen noch die Umstände können Ihnen schlechte Gefühle machen, wenn Sie es nicht zulassen.

Diese Sichtweise unserer Gefühle hat einen riesigen Vorteil: Sie fühlen sich nicht mehr als Opfer anderer Menschen oder der Umstände. Wenn wir akzeptieren, dass wir unsere Gefühle durch unsere Gedanken steuern, dann fühlen wir uns als Kapitän unseres Lebens, und als Kapitän haben wir die Kontrolle über uns und unser Leben - und das ist enorm wichtig für unser seelisches und körperliches Wohlbefinden. Eine der Hauptursachen für Depressionen und Ängste ist nämlich die Überzeugung, keine Kontrolle zu haben und den Menschen und Umständen hilflos ausgeliefert zu sein.

Wenn Sie mehr über diesen Zusammenhang zwischen Ihrem Denken und Fühlen erfahren möchten, dann empfehle ich Ihnen ein Buch, das ich zusammen mit meiner Partnerin Doris Wolf, geschrieben habe. Es hat den Titel: ‹Gefühle verstehen, Probleme bewältigen›.

Woran erkennt man negative Gedanken?

Sie wissen nun, dass es Ihre negativen Gedanken sind, durch die Sie sich eifersüchtig, ärgerlich, ängstlich oder deprimiert machen. „Woran aber erkennt man negative Gedanken?", werden Sie sich nun vielleicht fragen. Das ist im Grunde genommen sehr einfach, wie Sie gleich erkennen werden. Negative Gedanken haben nämlich 2 Eigenschaften, an denen Sie diese sofort erkennen können.

Negative Gedanken

a) stimmen nicht mit den Tatsachen überein und
b) führen zu negativen Gefühlen.

a) Negative Gedanken stimmen nicht mit den Tatsachen überein.

Wenn es regnet, dann ist das eine Tatsache. Wenn Sie einen Fehler machen, dann ist das ebenfalls eine Tatsache. Wenn Ihr Partner mit einem anderen tanzt, dann ist das auch eine Tatsache.

Eine Tatsache ist also in der Regel etwas, das wir objektiv sehen und beobachten können. Keine Tatsache ist es jedoch, wenn wir sagen: „Der Regen ist scheußlich. Einen Fehler zu machen ist eine Katastrophe. Meine Frau hat nicht das Recht, mit einem anderen zu tanzen." Solche Gedanken sind Bewertungen einer Situation.

Wie wir zu einer Tatsache eingestellt sind, wie wir sie bewerten, das ist unsere ganz persönliche Angelegenheit. Ein Bild ist ein Bild. Ob es ein schönes oder hässliches Bild ist, entscheidet jeder einzelne Betrachter für sich. Es gibt weder schöne noch hässliche Bilder. Das ist eine Ansichtssache und eine Frage des persönlichen Geschmacks.

An einer Tatsache kann man nichts rütteln. Sie ist für alle Menschen gleich. Wie wir jedoch über diese Tatsache denken, das ist unsere ganz persönliche Freiheit. Es bleibt jedem selbst überlassen, wie er ein Bild oder das Wetter findet.

Warum ist diese Unterscheidung zwischen Meinung und Tatsache so wichtig, werden Sie nun vielleicht fragen. Die Antwort ist: Es sind nie die Tatsachen, die Ihnen Probleme machen. Das wussten schon die alten Griechen, wenn sie sagten:

Es sind nicht die Dinge, die uns beunruhigen, sondern unsere Sicht der Dinge.

Wenn Ihr Partner also mit einem anderen tanzt oder sich mit diesem angeregt unterhält, dann macht Sie diese Tatsache nicht eifersüchtig oder wütend. Wenn Sie ärgerlich sind, dann nur deshalb, weil Sie sich über diese Tatsache ärgerliche Gedanken machen. Sie sagen sich vielleicht: „Er hat kein Recht dazu. Er wirft sich jedem in die Arme. Ich bin ihm völlig gleichgültig."

Diese Gedanken entsprechen nicht den Tatsachen. Sie geben damit nur Ihre ganz persönliche Meinung kund. Tatsache ist nämlich, dass Ihr Partner das Recht hat, mit einem anderen zu tanzen. Es gibt kein Gesetz, das es Ehepartnern verbietet, mit einem anderen als dem Partner zu tanzen. Wenn Sie sagen, Ihr Partner werfe sich jedem gleich in die Arme, dann übertreiben Sie damit sicherlich. Sie empfinden das lediglich so. Wenn Sie Ihrem Partner vorwerfen, Sie seien ihm völlig gleichgültig, dann ist diese Schlussfolgerung sehr wahrscheinlich auch falsch. Nur weil Ihr Partner mit einem anderen tanzt oder sich amüsiert, ist das kein Beweis dafür, dass Sie ihm völlig gleichgültig sind.

Kommen Sie auf den Boden der Tatsachen zurück. Ihr

Partner hat das Recht, zu tun, was er möchte, auch wenn es Ihnen nicht gefällt. Das klingt brutal und herzlos, aber es ist so. Umgekehrt haben auch Sie die Freiheit, zu tun und zu lassen, was Sie möchten. Er blamiert Sie nicht und setzt Ihnen auch keine Hörner auf. Sie bedeuten ihm sehr wahrscheinlich recht viel. Sonst hätte er Sie bei all den Szenen, die Sie ihm schon gemacht haben, schon längst verlassen, oder?

Als eifersüchtiger Mensch haben Sie vermutlich eine sehr lebhafte Phantasie. In Ihrem Kopf spielt sich ein Liebesfilm nach dem anderen ab. Hauptdarsteller in diesen Filmen sind Ihr Partner und ein anderer.

Claudia beschrieb das so:
„Immer deutlicher und lebendiger wurden Bilder von Martin (ihrem Mann) und Ingeborg (der Rivalin). Ich sah sie vor mir, wie sie miteinander flirteten und sich verliebte Blicke zuwarfen. Ich beobachtete, wie sich ihre Hände berührten und sie sich küssten. Ich konnte meine Phantasie einfach nicht zügeln. Wie ein Horrorfilm liefen diese Bilder vor meinem inneren Auge ab."

Überprüfen Sie Ihre Gedanken auf ihren Tatsachengehalt. Schauen Sie nach, ob das, was Sie sich einreden, mit den Tatsachen übereinstimmt.

Sagen Sie sich etwas, das nicht stimmt, dann verbannen Sie diesen Gedanken aus ihrem Kopf. Es ist dann kein vernünftiger oder hilfreicher Gedanke. Er veranlasst Sie nur, Ihrem Partner Vorwürfe zu machen. Die Folgen werden weitere Streitigkeiten und Konflikte sein.

Es sind nie die Tatsachen, die Sie eifersüchtig machen. Es sind immer Ihre Gedanken und Einstellungen über diese.

Bemühen Sie sich, die Dinge so zu sehen, wie sie sind. Vermeiden Sie es, die Tatsachen durch Ihre Eifersuchtsbrille zu sehen. Dann liegen Sie garantiert falsch. Und wenn doch nicht? Und wenn Ihr Partner tatsächlich ein Verhältnis hat? Auch dann macht Sie diese Tatsache nicht rasend oder eifersüchtig. Wie Sie darauf reagieren, hängt davon ab, wie Sie darüber denken, was es für Sie bedeutet, dass Ihr Partner ein Verhältnis hat. Denken Sie immer daran: Es sind nicht die Dinge, die uns beunruhigen, sondern unsere Sicht der Dinge.

Schauen wir uns einige Gedanken an, die Ihnen sicherlich auch ab und zu durch den Kopf gehen, und prüfen sie, ob diese den Tatsachen entsprechen.

Negative Einstellung 1
Ohne meinen Partner kann ich nicht leben

Entspricht es den Tatsachen, dass Sie ohne Ihren Partner nicht leben können? Was meinen Sie? Nein, das ist keine Tatsache, das ist lediglich Ihre Überzeugung. Wenn Sie so denken, dann übertreiben Sie gewaltig. Wie war das, ehe Sie Ihren Partner kennengelernt haben? Viele Jahre haben Sie ohne ihn verbracht und haben es überlebt. Richtig? Wieso sollten Sie nun nicht auch ohne ihn leben können?

Ein anderer Mensch kann sehr wichtig sein. Er kann einem sehr viel bedeuten, aber auch wenn er noch so wichtig ist, so braucht man ihn dennoch nicht zum Leben, wie man Luft, Wasser oder Nahrung braucht. Mit einem Partner kann das Leben schöner sein, ein Partner kann eine Bereicherung sein, er ist jedoch kein notwendiger Bestandteil in unserem Leben, ohne den wir nicht existieren können. Wenn Sie sich suggerieren, ohne Ihren Partner nicht leben zu können, und gleichzeitig ständig daran denken, dass sich Ihr Partner von Ihnen trennen könnte, dann versetzen Sie sich in panische Angst.

Wenn sich Ihr Partner von Ihnen trennen sollte, dann werden Sie das überleben. Es mag sein, dass Sie dieser Verlust sehr schmerzen wird und Sie sehr deprimiert wären. Sie würden jedoch darüber hinwegkommen.

Reden Sie sich also nicht ein, ohne Ihren Partner nicht leben zu können. Sie belügen sich damit nicht nur und machen sich das Leben sehr schwer, Sie erzeugen in sich auch sehr große Angst, verlassen zu werden.

Negative Einstellung 2
Ohne meinen Partner bin ich nichts

Wieso sagen Sie, ohne Ihren Partner nichts zu sein? Sie waren „wer", ehe Sie ihn kennengelernt haben, und Sie werden immer „wer" sein, wenn Sie sich dafür entscheiden, sich für wertvoll und liebenswert zu halten. Ihr Wert als Mensch hängt nicht von Ihrem Partner ab. Ein anderer Mensch kann Sie weder auf- noch abwerten. Genausowenig wie Sie sich durch ein teures Auto in einen wertvollen Menschen verwandeln, steigt Ihr Wert durch die Anwesenheit eines anderen Menschen. Ihr Selbstwertgefühl ist die Folge Ihrer Gedanken. Wie Sie über sich selbst denken, bestimmt zu 100 Prozent, ob Sie sich wertvoll oder minderwertig fühlen.

Sie sind wer, ob mit oder ohne einen Partner, wenn Sie sich dafür entscheiden, „wer" zu sein.

Negative Einstellung 3
Ich brauche die Anerkennung meines Partners

Wofür brauchen Sie die Anerkennung Ihres Partners? Sie haben lange Jahre ohne sie gelebt und könnten auch weiterhin ohne sie auskommen. Die Wertschätzung eines anderen ist nicht lebensnotwendig. Sie tut sehr gut, aber man benötigt sie nicht wie Wasser und Essen zum Leben.

Nur dann, wenn etwas absolut lebensnotwendig ist, ist es auch richtig, zu sagen, man braucht es. In allen anderen Fällen ist es lediglich schöner und angenehmer, wenn man es hat. Ich weiß, dass sich das wie eine Spitzfindigkeit oder Wortklauberei anhört. Ist es aber nicht. Jedes Wort hat für uns eine Bedeutung. Wenn wir uns einreden, etwas zu brauchen, dann fühlen wir uns auch so, als könnten wir ohne das nicht leben, was wir zu brauchen glauben. Die Folge ist: Wir verspüren entsetzliche Angst, das vermeintlich Lebensnotwendige zu verlieren.

Negative Einstellung 4
Du machst mich lächerlich

Peter warf seiner Frau vor, sie habe ihn lächerlich gemacht, weil sie ihrem Cousin einen Kuss auf die Lippen gegeben hatte. Peter machte diesen Vorwurf aber zu Unrecht. Niemand kann ihn lächerlich machen durch das, was er sagt oder tut.

Wenn Sie sich lächerlich und blamiert vorkommen, dann sollten Sie einmal nachschauen, warum. Ich vermute, weil Sie denken, dass das Verhalten des anderen ausdrücke, er nehme Sie nicht ernst. Wie kommen Sie jedoch darauf, dass Sie Ihr Partner nicht ernst nimmt? Vermutlich, weil Sie sich selbst nicht ernst nehmen und sich Ihrer selbst unsicher sind. Selbst wenn Ihr Mann hinter jedem Rock her sein sollte und er jede Frau anmacht, so blamiert er Sie dadurch nicht. Über wen sagt sein Verhalten etwas aus? Über Sie? Nein, sein Verhalten sagt höchstens etwas über ihn aus. Sie haben keinen Grund, sich für sein Verhalten zu schämen, da Sie nicht für ihn verantwortlich sind.

Negative Einstellung 5
Er gehört nur mir

Niemand gehört einem anderen. Selbst Gesetze wie zu

Zeiten des Sklavenhandels können die Freiheit und Unabhängigkeit des einzelnen Menschen nicht abschaffen.

Eine Partnerschaft ist lediglich eine Übereinkunft zweier Menschen, ein Stück des Weges gemeinsam zu gehen. Gleichgültig, wie viel Sie dem anderen gegeben haben, wie viel Zeit, Liebe und Energie Sie investiert haben, Sie haben kein Recht auf den anderen.

b) Negative Gedanken führen zu negativen Gefühlen

Sie fühlen, wie Sie denken. Negative Gedanken führen zu negativen Gefühlen. Positive Gedanken führen zu positiven Gefühlen.

Ein Gedanke wie: „Ohne meinen Partner kann ich nicht leben", muss zwangsläufig dazu führen, dass Sie Angst bekommen. Unser Gehirn hat die Aufgabe, uns am Leben zu erhalten. Suggerieren wir ihm, etwas sei lebensnotwendig, dann schlägt es Alarm, wenn wir ihm sagen, dass wir das Lebensnotwendige verlieren könnten. Die Angst soll uns dann mobilisieren, den drohenden Verlust abzuwenden.

Unser Gehirn kann jedoch nicht unterscheiden, ob das, was wir uns einreden, real oder aus der Luft gegriffen ist. Unser Gehirn ist quasi ein Maschinist, der die Befehle des Kapitäns - das sind Sie - ausführt. Sie geben die Kommandos. Ihr Gehirn verarbeitet die Informationen nur, die Sie ihm geben, und sorgt dafür, dass in Ihrem Körper die notwendigen Maßnahmen getroffen werden. Es leitet die notwendigen Schritte ein, damit Sie die Bedrohung, die Sie ihm gemeldet haben, abwenden können.

Deshalb ist es sehr wichtig, dass Sie genau darauf achten, womit Sie Ihr Gehirn füttern. Programmieren Sie es mit negativen Gedanken, d.h. mit solchen, die nicht mit den

Tatsachen übereinstimmen, dann liefert es Ihnen auch negative Gefühle. Ihre negativen Gefühle sind also eine Art Warnsignal. Sie geben Ihnen zu verstehen, dass Sie negative Selbstgespräche führen.

Wenn Sie sich also schlecht fühlen, dann sollten Sie sich fragen: „Was habe ich mir gerade gesagt? Welche negativen Gedanken habe ich mir gemacht?“ Je mehr Sie das tun, umso mehr werden Sie sich Ihrer negativen Gedanken bewusst. Umso besser sind Sie dann auch in der Lage, Ihre negativen, nicht mit den Tatsachen übereinstimmenden Gedanken in eher wahrheitsgetreue Gedanken umzuformulieren. Sie müssen sich gleichsam dazu erziehen, Ihre negativen Gedanken, die nicht mit der Wirklichkeit übereinstimmen und die Ihnen schlechte Gefühle machen, durch eher wahrheitsgetreue Gedanken zu ersetzen.

Das wird Ihnen nicht immer auf Anhieb gelingen. Ihre negativen Gedanken sind sehr hartnäckig. Ja, sie scheinen ein Eigenleben zu haben. Auch wenn Sie sich darum bemühen, sie im Zaum zu halten, so werden Ihnen diese doch immer wieder in den Sinn kommen.

Sie sind jedoch der Kapitän. D.h., Sie haben die Fähigkeit, Ihre negativen Gedanken immer wieder aufs Neue zu verbannen. Diese haben keine Gewalt über Sie. Sie sind nur deshalb so hartnäckig, weil sie sich bereits über viele Jahre bei Ihnen eingenistet haben und Ihnen zur Gewohnheit geworden sind.

Vom Gefühl, sich etwas einzureden, und was es damit auf sich hat

Wenn Sie sich die ersten 100 Mal sagen: „Bleib ruhig. Dein Partner tanzt nur mit jemand anderen. Da ist nichts dabei.“, dann werden Sie eine verwirrende Erfahrung machen. Sie haben dann nämlich den Eindruck, dass Sie sich belügen. Es kommt Ihnen gekünstelt vor, so zu denken. Sie können nicht so recht glauben, dass kein Anlass besteht, eifersüchtig zu sein. Sie glauben, dass Sie sich doch nicht ohne Grund so schlecht fühlen.

Damit Sie sich durch diese Erfahrung nicht verwirren und davon abhalten lassen, Ihre negativen Gedanken durch hilfreiche zu ersetzen, möchte ich Ihnen die 5 Phasen des Umlernens erklären. Diese 5 Phasen durchläuft jeder, der sich von einer alten Gewohnheit trennen und sie durch eine neue ersetzen will.

Die 5 Phasen des Umlernens

1. Stufe:
Theoretische Einsicht

Dies ist die einfachste Stufe. Sie sehen ein oder wissen, dass Sie sich durch bestimmte „eifersüchtige" Gedanken eifersüchtig machen. Sie wissen auch, durch welche hilfreichen Gedanken Sie Ihre eifersüchtigen Gedanken ersetzen können, so dass Sie gelassener bleiben können, wenn sich Ihr Partner mit einem anderen angeregt unterhält. Theoretisch ist Ihnen also alles klar.

Schauen wir uns den Gedanken von Ulrike an.

B: Gedanken: Ich bin meinem Partner gleichgültig, sonst würde er sich nicht mit anderen so angeregt unterhalten.

Ulrike weiß, dass dieser Gedanke wenig hilfreich ist: Er entspricht weder den Tatsachen, noch hilft er ihr, sich gut zu fühlen. Wenn sie so denkt, dann muss sie zwangsläufig Angst verspüren. Also überlegt sie sich, wie sie stattdessen über das Verhalten ihres Mannes denken könnte, welche Gedanken ihr helfen könnten, weniger aufgeregt und verängstigt zu sein. Diese Gedanken könnten so aussehen:

B: Gedanken: Nur weil sich mein Mann angeregt unterhält, heißt das nicht, dass ich ihm gleichgültig bin. Tatsache ist, dass er mir immer wieder sagt, dass er mich mag. Ich unterstelle ihm lediglich, dass er nichts mehr für mich übrig hat, weil ich mir meiner unsicher bin und deshalb von ihm immer neue Liebesbeweise fordere.

Ulrike kennt also ihre angstauslösenden Gedanken und weiß, welche hilfreichen Gedanken sie diesen entgegensetzen könnte, um ruhiger und gelassener zu reagieren. Dies ist die 1. Stufe.

2. Stufe
Übung

In dieser Stufe geht es nun darum, dass Ulrike ihre neuen und als hilfreich erkannten Gedanken einübt. Konkret bedeutet das, dass sie sich diese immer wieder vorsagt oder in der Vorstellung (s. weiter unten) übt. Wenn sie dies tut, dann kommt sie sofort in die 3. Stufe, die ihre Tücken hat, und an der das ganze Umdenken scheitern kann.

3. Stufe
Widerspruch zwischen Kopf und Bauch

Wenn sich Ulrike ihre hilfreichen Gedanken vorsagt, wird sie das Gefühl haben, sich etwas einzureden oder sich etwas in die Tasche zu lügen. Sie verspürt immer noch die gleiche Angst und hat immer noch das Gefühl, ihrem Mann gleichgültig zu sein, und im selben Atemzug redet sie sich ein, dass sie keinen Grund dazu hat, ihm zu misstrauen.

Zugegeben, eine dumme, aber unvermeidliche Situation, wenn sie lernen möchte, ihre Angst abzulegen. Um diesen Konflikt zwischen Kopf und Bauch kommen auch Sie nicht herum, wenn Sie Ihre schädlichen Einstellungen ändern, sprich, wenn Sie lernen möchten, umzudenken. Durch diese

Stufe müssen Sie durch, mit diesem Konflikt müssen Sie einige Zeit leben. Wenn Sie das tun, kommen Sie in die vierte Stufe.

Wenn Patienten in der Therapie auf dieser 3. Stufe des Umlernens sind, verwende ich viel Zeit darauf, mit ihnen über diesen Konflikt zu sprechen. Viele Menschen meinen nämlich, es sei blödsinnig, sich etwas einzureden, das man gefühlsmäßig ablehne, oder dem man gefühlsmäßig nicht zustimmen kann. Sie wollen damit ausdrücken, dass man nur solche Dinge annehmen sollte, denen man innerlich zustimmt. Auf seinen Verstand zu hören sei kopflastig.

Sind Sie schon einmal in England Auto gefahren? Wenn ja, dann haben Sie am eigenen Leib erfahren, was es heißt, umzudenken, und dass es keinesfalls kopflastig ist, auf seinen Verstand zu hören. Wenn Sie in England links fahren, dann werden Sie die ersten Kilometer das ungute Gefühl nicht los, dass Sie sich auf der falschen Straßenseite befinden. Vom Verstand her wissen Sie jedoch genau, dass es vollkommen richtig, ja, geradezu lebenserhaltend ist, wenn Sie links fahren. Kopf und Bauch gehen also auseinander.

Wenn Sie in England, ohne sich oder andere zu gefährden, Auto fahren wollen, dann müssen Sie auf Ihren Verstand hören, der Ihnen sagt, dass es richtig ist, links zu fahren, **und** Sie müssen Ihr Gefühl ignorieren, das Ihnen sagt: „Fahr rechts, du bist falsch". Niemand käme hier auf die Idee, zu sagen, es sei kopflastig oder blödsinnig, auf seinen Verstand zu hören. Im Gegenteil.

In bestimmten Situationen ist es sehr klug, auf seinen Verstand zu hören und sein Gefühl nicht zu beachten. Das Rechtsfahren ist eine Gewohnheit. Sie kann nur abgelegt und durch eine neue (das Linksfahren) ersetzt werden, wenn man sie bewusst verändert und dabei in Kauf nimmt, dass man die erste Zeit ein ungutes Gefühl hat. So verhält es sich auch mit der Gewohnheit, eifersüchtig zu reagieren. Diese Gewohnheit können Sie nur ablegen, wenn Sie bereit sind, für einige Zeit das Gefühl in Kauf zu nehmen, dass Sie sich etwas einreden, dem Sie gefühlsmäßig (noch) nicht zustimmen können.

4. Stufe:
Kopf und Bauch stimmen überein

Sie haben es geschafft. Herzlichen Glückwunsch. Sie fühlen sich so, wie Sie denken. Sie haben nicht länger das Gefühl, sich etwas einzureden oder vorzumachen. Ulrike sagt sich, dass sie ihrem Mann etwas bedeutet, und gefühlsmäßig kann sie dem zustimmen. Ihre panische Angst ist verschwunden, sie ist ruhiger und ihr Körper ist entspannter. Nun heißt es, noch die letzte Stufe zu erklimmen.

5. Stufe
Neue Gewohnheit

Diese Stufe erreichen Sie, wenn Sie Ihre neuen und hilfreichen Gedanken weiter trainieren, bis sie Ihnen in Fleisch und Blut übergegangen sind. In dieser Stufe denken Sie automatisch so, wie es für Sie gut ist, und das Gefühl, sich etwas vorzumachen, ist völlig verschwunden.

Jeder Mensch muss diese 5 Stufen durchlaufen, wenn er eingefahrene Denk-, Gefühls- und Verhaltensweisen verändern möchte. Sie können keine dieser Stufen überspringen. Veränderungen gehen eben nur Schritt für Schritt vor sich.

Ein sehr häufiger Einwand:
„Ich hätte doch keine Angst, wenn meine Angst unbegründet wäre. Da muss doch was dran sein. Ich hab doch nicht grundlos Angst."

Meine Antwort darauf ist:
Sie haben vollkommen Recht. Sie haben nicht grundlos

Angst. Ihre Angst, z.B. Ihren Partner zu verlieren, hat jedoch nichts damit zu tun, dass tatsächlich die Gefahr besteht, dass Ihr Partner Sie verlassen wird. Sie denken lediglich, dass dies passieren könnte, und verspüren deshalb Angst. Sie fühlen, wie Sie denken. Nehmen Sie Ihre Angst, überhaupt jedes andere Gefühl, nicht als Beweis dafür, dass dem so ist, wie Sie sich fühlen. Ihre Gefühle sagen nichts über die Wirklichkeit aus, sondern einzig und allein darüber, wie Sie denken.

Das Üben in der Vorstellung

Wie könnte Ulrike nun ihre hilfreichen Selbstgespräche trainieren? Ein sehr erfolgreicher Weg besteht darin, sich in der Vorstellung in die betreffende Situation zu versetzen, und sich in der Phantasie gut zuzureden und das tun zu sehen, was man gerne tun möchte. Diese Form des mentalen Trainings ist äußerst effektiv, und Sie sollten deshalb davon unbedingt Gebrauch machen.

Sie kennen diese Form des Trainings bereits. Jedes Mal nämlich, wenn Sie sich in Ihrem Geiste ausmalen, was alles an schrecklichen Dingen (Ihr Partner geht fremd, liegt in den Armen eines anderen, usw.) passieren könnte, machen Sie von dieser Form des Trainings Gebrauch. Sie trainieren nämlich, sich in dieser Situation in Angst zu versetzen. Sie machen sozusagen negative Vorstellungsübungen, durch die Sie Ihre Gewohnheit, in bestimmten Situationen auszurasten, stärken.

Unserem Gehirn ist es völlig gleichgültig, mit welchen Gedanken wir es programmieren. Es verarbeitet jede, aber auch jede noch so kleine Information, ohne danach zu fragen, ob sie richtig oder falsch, sinnvoll oder sinnlos ist.

Dass unser Gehirn jede Information verarbeitet, ohne sie

auf ihren Wahrheitsgehalt zu überprüfen, hat auch seine guten Seiten. Wir können uns diese Eigenschaft unseres Gehirns zunutze machen.

Wie bei einem Computer können wir unser Verhaltens-, Denk- und Gefühls-Programm ändern. Einen kleinen Unterschied zum Computer gibt es allerdings schon. Das geht nicht von jetzt auf nachher, und auch das hat seinen guten Grund und ist sehr sinnvoll. Im Falle gesunder Gewohnheiten ist diese Trägheit, dass sich unsere Programme nicht so einfach löschen und durch andere ersetzen lassen, von großem Vorteil. Ein einmal eingeschliffenes, hilfreiches Verhalten hat die Neigung, sich immer wieder zu wiederholen. Man muss nur noch wenig Energie aufwenden, um diese Gewohnheit am Leben zu erhalten. Umgekehrt muss man bewusst dagegen steuern, wenn man ein eingefahrenes Verhalten ablegen will.

Behalten Sie dieses Wissen immer im Hinterkopf, wenn Sie sich daran machen, Ihr eifersüchtiges Verhalten durch ein gelassenes Verhalten zu ersetzen. Sie können den Prozess des Umlernens, d.h. eine Gewohnheit durch eine andere zu ersetzen, jedoch beschleunigen, wenn Sie Ihre neue Denkweise und Ihr neues Verhalten zunächst in der Vorstellung üben.

In der Therapie würde ich Ulrike auffordern, sich für 30 Tage täglich mindestens 4-mal ein paar Minuten Zeit zu nehmen, in denen sie Folgendes tun sollte: Sie sollte sich kurz mit Hilfe der Spontanentspannungsmethode entspannen, die ich Ihnen gleich vorstellen werde. Im Zustand der Entspannung sollte sie sich in der Vorstellung ganz lebendig ausmalen, wie sie und ihr Mann auf einer Party sind und sich ihr Mann angeregt mit anderen Frauen unterhält.

Statt nun aber ihr Eifersuchtsprogramm („Ich bin ihm

gleichgültig. Er hat kein Recht dazu. Die anderen sind viel attraktiver als ich“, usw.) abzuspulen, sollte sie sich nun ihre hilfreichen Gedanken vorsagen.

Wenn Ulrike 30 Tage lang diese Vorstellungsübungen gemacht hat, dann kann sie gelassener reagieren, wenn sich ihr Mann mit anderen Frauen unterhält. Sie wird weniger Angst verspüren.

Schauen wir uns eine kleine Entspannungsübung an, die Sie nicht nur leicht erlernen, sondern auch jederzeit und an jedem Ort einsetzen können, um entweder einen kühlen Kopf zu bewahren oder eine Anspannung zu verringern.

Die Spontanentspannungsmethode

Durch gezieltes Atmen können Sie sich in jeder Situation entspannen und körperlich ruhiger werden. Eine sehr bewährte und einfach zu erlernende Methode ist die Spontanentspannungstechnik. Diese geht so:

Atmen Sie etwas tiefer als gewöhnlich ein. Dann atmen Sie in einer Bewegung wieder aus, ohne den Atem nach dem Einatmen anzuhalten. Wenn Sie ausgeatmet haben, halten Sie Ihren Atem für ca. 6 - 10 Sekunden an. Finden Sie selbst heraus, welche Zeit für Sie am angenehmsten ist. Nachdem Sie den Atem angehalten haben, atmen Sie wieder ein, atmen in einer Bewegung wieder aus, ohne den Atem anzuhalten, und halten ihn dann wieder für 6 - 10 Sekunden an.

Wiederholen Sie dieses Ein- und Ausatmen für 2 bis 3 Minuten bzw. so lange, bis Sie deutlich entspannter sind. Diese kleine Atemübung können Sie in jeder Situation machen, in der Sie sich angespannt fühlen.

Was Sie tun können

1. Machen Sie von den Situationen, in denen Sie besonders eifersüchtig reagieren, ein schriftliches ABC. Wählen Sie zunächst diejenige Situation aus, in der Sie am häufigsten eifersüchtig reagieren. Notieren Sie die Situation (A), in der Sie eifersüchtig reagieren, Ihre Gedanken (B) und Ihre Gefühle (C). Nun schauen Sie sich Ihre Gedanken an. Stimmen diese mit den Tatsachen überein? Ist das, was Sie sich in dieser Situation einreden, Wirklichkeit oder nur blühende Phantasie? Fragen Sie sich dann, ob Ihnen Ihre Gedanken helfen, sich so zu fühlen, wie Sie sich fühlen möchten.

Stellen Sie fest, dass Sie sich etwas einreden, für das Sie keine Beweise haben, dann bemühen Sie sich darum, die Situation objektiv zu sehen. Weigern Sie sich, Ihre einmal als negativ oder schädlich erkannten Gedanken immer wieder im Geiste zu wiederholen. Stoppen Sie diese, so oft sie auftreten, und ersetzen sie durch solche Gedanken, die den Tatsachen entsprechen und die Ihnen helfen, sich besser zu fühlen.

2. Wenn Sie wissen, was Sie in dieser Situation denken können, um in ihr ruhiger zu bleiben, dann können Sie Ihre neue Art, mit dieser Situation gedanklich umzugehen, in Ihrer Vorstellung üben. Entspannen Sie sich mit der Spontanentspannungsmethode und versetzen Sie sich in Gedanken in diese Situation. Malen Sie sich diese Situation so lebendig aus, wie es Ihnen möglich ist. Statt nun aber Ihre eifersüchtigen Gedanken abzuspulen - die Ihnen sicherlich ganz automatisch einfallen - sagen Sie sich nun ganz bewusst diejenigen hilfreichen Gedanken, von denen Sie vom Verstand her wissen, dass sie richtig sind. Machen Sie diese Vorstellungsübung für die nächsten 30 Tage jeden Tag mindestens 5-mal bzw. so lange und so oft, bis Sie merken, dass es Ihnen gelingt, in dieser Situation deutlich ruhiger und gelassener zu bleiben. Erst, wenn es Ihnen gelingt, in Gedanken und in der Realität besser mit dieser Situation umzugehen, dann nehmen Sie sich die am zweithäufigsten auftretende Situation vor, machen von dieser ein ABC und üben in der Vorstellung.

3. Wenn Sie sich dabei ertappen, dass Sie sich im Alltag in Gedanken in Ihre Eifersucht hineinsteigern, wenn Sie also negative Vorstellungsübungen machen, dann stoppen Sie diese Gedanken sofort, indem Sie sich laut oder leise „Stopp“ zurufen und sich etwas zuwenden, das Sie ablenkt. Weigern Sie sich, sich etwas einzureden, das nicht den Tatsachen entspricht. Zwingen Sie sich, sich mit etwas zu beschäftigen, das Sie auf andere Gedanken bringt. Auf einer Party können Sie sich mit anderen unterhalten, anstatt ständig in die Richtung Ihres Partners zu schauen. Wenn Ihre negativen Gedanken sehr bedrängend sind und Sie den Eindruck haben, ihrer nicht Herr zu werden, dann versuchen Sie es doch einmal mit folgendem kleinen Trick: Nehmen Sie ein Gummiband, das Sie sich um das Handgelenk legen. Jedes Mal, wenn Sie sich dabei ertappen, dass Sie sich „eifersüchtige“ Gedanken machen, dann schnalzen Sie mit dem Gummiband, so dass Sie einen kleinen körperlichen Schmerz verspüren. Auf diese Weise unterbrechen Sie diese Gedanken und Bilder für einen Moment. Diese Unterbrechung können Sie nutzen, um sich bewusst hilfreiche Gedanken zu machen.

4. Probieren Sie einmal folgende Strategie, die Sie auch als Erste-Hilfe-Maßnahme nutzen können: Singen Sie Ihre negativen ärgerlichen oder eifersüchtigen Gedanken oder sprechen diese auf lustige Weise aus. Sie werden eine verblüffende Erfahrung machen: All Ihr Ärger, Ihr Frust, überhaupt alle negativen Gefühle verschwinden sofort. Ja, Sie müssen unwillkürlich lachen, wenn Sie das tun. Es ist unmöglich, ärgerlich zu sein, wenn wir unsere ärgerlichen Gedanken singen oder ähnlich wie Donald Duck von uns geben. Wie gesagt: Das ist eine Strategie, um uns schnell und wirkungsvoll von negativen Gefühlen zu befreien. Es ist keine Strategie, um dauerhaft unsere negativen Gedanken und Gefühle zu ändern. Sie kann jedoch manchmal sehr hilfreich sein, um wieder einen klaren Gedanken zu fassen.

Nun ist der Zeitpunkt für Sie gekommen, an der Hauptursache Ihrer Eifersucht zu arbeiten: Ihrem negativen Selbstwertgefühl. Doch ehe wir damit im nächsten Kapitel beginnen, möchte ich für Sie die wichtigsten Punkte dieses Kapitels nochmals zusammenfassen.

Fassen wir zusammen

1.

Sie fühlen, wie Sie denken. Ihr Partner hat keine Schuld an Ihrer Eifersucht. Sie alleine tragen dafür die Verantwortung.

2.

Bemühen Sie sich darum, die Dinge so zu sehen, wie sie sind. Legen Sie Ihre Eifersuchtsbrille ab, die aus einem harmlosen Gespräch einen heißen Flirt macht. Überprüfen Sie Ihre Gedanken auf ihren Tatsachengehalt. Es sind nie die Tatsachen, die Sie eifersüchtig machen.

3.

Wenn Sie sich „einreden“, es bestehe kein Grund für Sie, eifersüchtig zu sein, dann werden Sie den Eindruck haben, sich zu belügen. Das ist völlig normal.

4.

Machen Sie von dem ABC der Gefühle und den Vorstellungsübungen Gebrauch. Sie können nur gelassener reagieren, wenn Sie Ihr Eifersuchtsprogramm ändern.

Was möchte ich mir merken?

Unsere Gedanken und Einstellungen sind wie Buntstifte: Sie können unser Leben farbig oder düster machen.

7
Seien Sie sich ein guter Freund

Aus den vorangegangenen Kapiteln wissen Sie, dass die Ursache Ihrer Eifersucht ein starkes Gefühl der Minderwertigkeit und Unzulänglichkeit ist. Nur wenn Sie dieses Gefühl, „nicht gut genug zu sein", überwinden, d.h. lernen, sich selbst mehr anzunehmen, werden Sie auch Ihre Eifersucht überwinden.

Da es Ihnen vielleicht leichter fällt, Ihr Selbstwertgefühl zu stärken, wenn Sie wissen, weshalb Sie so schlecht von sich denken, möchte ich Ihnen zunächst zeigen, woher es kommt, dass so viele Menschen unter einem negativen Selbstwertgefühl leiden.

Warum Sie so gering von sich denken

Die ersten Lebensjahre sind für die Entwicklung unseres Selbstwertgefühls sehr wichtig und prägend. Im Zusammenleben mit unseren Eltern machen wir eine Menge Erfahrungen, die einen großen Einfluss auf unser späteres Denken, Fühlen und Handeln haben.

In den ersten Monaten und Jahren versuchen wir die Welt, in die wir geboren werden, zu erkunden und zu begreifen. Alles ist für uns faszinierend und aufregend. Es gibt so vieles zu erleben und zu entdecken. Auf unseren Streifzügen durch die uns unbekannte Welt stoßen wir immer wieder gegen Hindernisse: unsere Eltern. Diese wollen nämlich verhindern, dass wir uns in unserer Unbekümmertheit und Unerfahrenheit schaden. Deshalb sagen sie uns, was wir tun sollen und was wir nicht tun dürfen. Sie sagen uns, was gut und schlecht, richtig und falsch, schön und hässlich, anständig und unanständig, moralisch und verwerflich, gefährlich und harmlos ist.

In ihren Bemühungen, uns Kinder auf das Leben vorzubereiten und uns vor Schäden zu bewahren, reagieren Eltern oft auf eine Art und Weise, die bei uns das Gefühl hinterlässt, wir seien nicht in Ordnung. Schauen wir uns die 3 Verhaltensweisen unserer Eltern an, unter denen unser Selbstwertgefühl besonders gelitten haben kann.

1. Eltern knüpfen ihre Liebe an Bedingungen

Eltern wissen in der Regel sehr genau, dass für uns Kinder nichts wichtiger ist als die Liebe der Eltern. So machen sie sich unseren Hunger nach Liebe und Zuwendung zunutze, indem sie ihre Liebe zu uns von der Erfüllung ganz bestimmter Forderungen und Bedingungen abhängig machen:

„Ich mag dich nicht, wenn du so unartig bist", „Solange du dir deine Haare nicht schneiden lässt, bist du bei mir unten durch", „Ich habe dich lieb, wenn du deine Schulaufgaben machst", „Sei ein lieber Junge und iss deinen Teller leer."

Durch solche Worte wollen unsere Eltern sanften Druck auf uns ausüben. Sie wollen, dass wir das tun, was sie für uns für das Beste halten. Um bei unseren Eltern nicht in Ungnade zu fallen, tun wir in der Regel, was sie von uns verlangen. Wir lernen, uns die Liebe und Zuwendung der Eltern, die für uns Kinder noch lebensnotwendig ist, zu erkaufen.

Wenn wir häufig kritisiert wurden, wenn wir faul waren und nichts arbeiteten, dann haben wir daraus gefolgert: „Ich bin nur o.k., wenn ich etwas leiste.“ Als Erwachsene fällt es uns dann schwer, nur untätig herumzusitzen. Wir haben ein schlechtes Gewissen.

Durch solche Worte lernen wir aber auch, dass wir nur unter ganz bestimmten Umständen liebenswert sind. Wir lernen: „Nur wenn ich so bin, wie andere mich haben wollen, dann bin ich liebenswert und bekomme deren Liebe und Anerkennung.“

Was aber ist für uns Kinder wichtiger als die Liebe unserer Eltern? Wir sind noch so auf unsere Eltern angewiesen, um überleben zu können, dass wir es uns nicht leisten können, es mit ihnen zu verscherzen. Wir sind von ihnen in hohem Maße abhängig. Die Eltern sind für uns Kinder zudem so etwas wie Götter, die alles wissen und können. All das macht uns besonders empfänglich für alles, was die Eltern uns sagen.

Wenn wir erwachsen sind, dann verhalten wir uns unseren Mitmenschen gegenüber genauso. Nur wenn diese tun, was wir von ihnen erwarten, dann akzeptieren wir sie. Tut unser Partner etwas, das uns missfällt, dann verweigern wir uns ihm, wenden uns ab oder trennen uns von ihm. Wir werfen ihm dann vor, er sei egoistisch und denke nur an sich. Umgekehrt versuchen wir als Erwachsene, uns die Liebe der anderen zu erkaufen. Wir tun vieles nur, um andere zufrieden zu stellen. Wir sagen Ja, obwohl wir viel lieber Nein sagen möchten, sagen nichts um des lieben Friedens willen, unterdrücken unsere eigenen Bedürfnisse und Wünsche, usw. Ringen wir uns einmal durch, das zu tun, was wir möchten, dann haben wir ein schlechtes Gewissen und fühlen uns wie ein Schwerverbrecher.

Wir alle haben von uns in unserer Vorstellung ein Idealbild, das sehr stark von den Normen und Maßstäben unserer Eltern geprägt ist. Wenn wir diesem Ideal nicht entsprechen, dann lehnen wir uns ab. Wenn wir z.B. nicht so mutig sind, wie wir es gerne wären, dann sagen wir zu uns: „Wenn du so feige bist, dann taugst du nichts“. Wir machen dann unsere Liebe zu uns davon abhängig, wie gut wir etwas können. Wir gehen heute also genauso mit uns um wie früher unsere Eltern.

So wie unsere Eltern uns durch ablehnende Worte bestraft haben, so bestrafen wir uns als Erwachsene selbst. Wir sind heute in der Regel genauso streng und unerbittlich mit uns wie einstmals unsere Eltern. Wir machen unsere Liebe und Selbstachtung genauso von der Erfüllung bestimmter Dinge abhängig wie einst unsere Eltern.

2. Eltern stellen Vergleiche mit anderen Kindern an

Ein sehr beliebtes Erziehungsmittel von Eltern ist der Verweis auf andere Kinder oder Geschwister: „Nimm dir ein Beispiel an deinem Bruder. Der ist fleißig. Der wird es mal zu etwas bringen“, „In deinem Alter sind andere Kinder schon viel vernünftiger“, „Schau dir einmal deinen Freund Klaus an. Der hampelt nicht so rum und ist nicht so albern wie du“, usw.

Durch dieses Mit-anderen-verglichen-Werden wird uns schmerzhaft bewusst, dass es zwei Klassen von Menschen gibt: gute und schlechte, liebenswerte und ablehnenswerte, tüchtige und faule, anerkannte und verachtenswerte Menschen. Und wie oft mussten wir uns anhören, dass wir zu den letzteren gehören? Und wieder mussten wir erfahren, dass wir nur geliebt werden, wenn wir so sind, wie andere uns haben wollen. Wir lernten, uns minderwertig zu fühlen, wenn wir nicht so waren wie andere, die uns als Vorbilder hingestellt wurden. Wir lernten, uns zu schämen, wenn wir schlechter abschnitten. Oder wir hatten als Kind den

Eindruck, die Geschwister würden mehr geliebt oder bevorzugt, und haben daraus gefolgert, dass wir nicht liebenswert sind.

Als Erwachsene haben wir dieses Vergleichen mit anderen beibehalten. Ständig schauen wir ängstlich auf andere Menschen, ob diese nicht etwas besitzen, das wir nicht besitzen: mehr Geld, mehr Ansehen, mehr Intelligenz, ein größeres Haus, einen größeren Wagen, ein besseres Aussehen, mehr Bildung, mehr Erfolg im Beruf und Spiel, usw. Ständig versuchen wir, besser als andere zu sein, wollen anderen immer eine Nasenlänge voraus sein. Wir leben nach dem Motto: Je mehr du hast und kannst, umso mehr bist du und umso anerkannter bist du.

Stellen wir fest, ein anderer besitzt etwas, das wir nicht besitzen, dann glauben wir, es auch besitzen zu müssen. Erreichen wir nicht, es auch zu besitzen, dann fühlen wir uns minderwertig und als Versager.

3. Eltern stellen es als schlecht hin, auf etwas stolz zu sein

Aus Angst, ihre Kinder würden sich zu hochnäsigen und überheblichen Menschen entwickeln, unterdrücken Eltern oftmals den berechtigten Stolz ihrer Kinder: „Bilde dir nur nichts darauf ein, dass du eine gute Note geschrieben hast“, „Glaube ja nicht, dass du dich jetzt auf deinen Lorbeeren ausruhen kannst; das war noch gar nichts“, usw.

Als Erwachsene finden wir es deshalb auch verwerflich, vor anderen auf die eigene Leistung stolz zu sein. Es zählt als tugendhaft, sein Licht unter den Scheffel zu stellen und seine Leistung herunterzuspielen. Man kann sich doch nicht selbst beweihräuchern, denkt man. Selbst wenn andere uns loben oder uns ein Kompliment machen, heißt es, alles herunterzuspielen. Das, wofür man gelobt wird, ist ja schließlich nur dem Zufall oder dem Glück zu verdanken. Man verleugnet also sich selbst und seine Leistung.

Vielleicht ist Ihnen in Ihrer Schulzeit auch Folgendes passiert: Sie kamen mit einer 2 nach Hause und waren eigentlich ganz zufrieden mit sich. Nun haben Sie Ihre Eltern vielleicht gefragt, warum Sie keine 1 geschrieben hätten, und Sie antworteten: „Nur einer hat eine 1 geschrieben. Der Klassendurchschnitt lag bei dieser Arbeit bei 4,5." Darauf antworteten Ihnen Ihre Eltern: „Die Schlechteren sind kein Maßstab. Nimm dir ein Beispiel an den besseren Schülern."

Da es fast immer einen Besseren gibt, ist ein solcher Verweis der sicherste Weg, nie mit sich zufrieden zu sein. Man hat ständig das Gefühl, versagt zu haben und nicht gut genug zu sein. War man aber doch einmal der Klassenbeste bei einer Arbeit und kam voller Stolz nach Hause, weil man glaubte, jetzt endlich anerkennende Worte zu erhalten, dann verloren unsere Eltern darüber keine großen Worte. Sie verhielten sich nach dem Motto: Bester zu sein ist schließlich das Mindeste.

Durch diese Verhaltensweisen von Eltern fällt es Kindern sehr schwer, ein positives Selbstwertgefühl zu entwickeln. Wenn ich stets nur zu hören bekomme, wie dumm und unfähig ich bin, dass andere immer alles besser können, dass ich ein schlechter Mensch bin, dass ich nur vor anderen bestehen kann, wenn ich so bin, wie diese mich haben wollen, und wenn ich nicht auf das stolz sein darf, was ich gut mache, dann kann ich mich nicht zu einem selbstsicheren Menschen entwickeln. Dann muss ich an mir zweifeln und eine schlechte Meinung von mir haben.

STOPP:
Eltern sind auch nur Menschen.

Durch meine vorangegangenen Worte mögen Sie den Eindruck haben, dass ich allen Eltern die größten Vorwürfe mache und sie für ihre Erziehungsfehler verurteile. Dies ist jedoch nicht der Fall.

Ich bin der festen Überzeugung, dass die allermeisten Eltern ihre Kinder lieben, auch dann, wenn es nach außen nicht den Anschein hat. Ihre Strenge ist entweder Ausdruck einer großen Liebe zu uns oder die Folge eigener Probleme und Schwächen. Warum sonst würden unsere Eltern das Risiko eingehen, von uns Kindern abgelehnt zu werden? Auch Eltern wünschen sich nämlich nichts sehnlicher, als von ihren Kindern geliebt zu werden.

Unsere Eltern sind jedoch auch das Opfer ihrer Eltern. Auch sie haben sehr wahrscheinlich nicht gelernt, sich zu mögen. Auch sie haben gelernt, dass es wichtiger ist, was andere von ihnen denken, als was sie von sich selbst denken. Auch sie haben gelernt, Vergleiche mit anderen anzustellen und sich minderwertig zu fühlen, wenn sie nicht so gut und erfolgreich sind wie andere. Auch sie haben gelernt, dass man ein schlechter Mensch ist, wenn man etwas Schlechtes tut.

Wie aber sollen unsere Eltern etwas an uns weitergeben, was sie selbst nicht gelernt haben und daher auch nicht besitzen? Das ist nicht möglich. Deshalb verbiete ich allen Eltern, sich Schuldgefühle wegen möglicher Erziehungsfehler zu machen. Auch Eltern sind Menschen mit Fehlern und Schwächen.

Anstatt unsere Eltern für ihre Fehler anzuklagen, sollten wir Kinder das Beste aus dem machen, was unsere Eltern uns mitgegeben haben. Ja, wir haben vielleicht viel Negatives von ihnen gelernt. Aber wir müssen damit nicht leben. Da wir nicht mit einer geringen Selbstachtung und Selbstzweifeln auf die Welt kamen, sondern lediglich gelernt haben, an uns selbst zu zweifeln, können wir auch lernen, uns anzunehmen.

Wir können noch einmal eine Erziehung durchlaufen, die wir dieses Mal selbst in die Hand nehmen. Wir können die Fehler unserer Eltern wieder ausbügeln. Wir sind keine Opfer unserer Vergangenheit. Wir haben die Fähigkeit, unser Leben zum Positiven zu wenden, wenn wir aufhören, unsere Eltern oder die Umstände für unsere Probleme verantwortlich zu machen, und beginnen, für uns und das, was wir sind, die Verantwortung zu übernehmen.

Sind Sie bereit, für Ihr Leben und Ihre Probleme die Verantwortung zu übernehmen?

Selbstwertgefühl - was ist das?

Unser Selbstwertgefühl hängt zu 100 % davon ab, wie wir über uns denken. Denken wir schlecht von uns, kritisieren uns und machen uns klein, dann fühlen wir uns auch „klein" und minderwertig.

Ihr Selbstwertgefühl ist die Folge davon, wie Sie von sich denken.

Das ist eine ganz wichtige Erkenntnis, die Sie nicht aus den Augen verlieren dürfen. Wenn Ihr Selbstwertgefühl gering ist, wenn Sie sich minderwertig und wertlos fühlen, dann einzig und allein deshalb, weil Sie denken, Sie seien minderwertig und wertlos.

Die Meinung, die wir von uns selbst haben, verleiht uns das Gefühl, wer zu sein oder nichts zu sein. Sie entscheidet darüber, ob wir uns wertvoll oder minderwertig fühlen, sie gibt uns ein positives oder negatives Selbstwertgefühl.

Was es heißt, sich selbst zu mögen

Sich selbst zu mögen bedeutet für mich, sich als Mensch mit all seinen Fehlern und Schwächen, d.h. bedingungslos anzunehmen und sich selbst gegenüber ein positives und warmherziges Gefühl zu haben. Sich mögen bedeutet sich selbst gegenüber so zu verhalten, wie man sich einem lieben und treuen Freund gegenüber verhalten würde.

Und wie verhält man sich gegenüber einem Menschen, den man mag und für den man etwas empfindet? Wenn man für einen anderen Menschen etwas empfindet, dann wirft man ihm keine verletzenden und kränkenden Worte an den Kopf. Das heißt nicht, dass man alles, was er sagt oder tut, gutheißt oder richtig findet. Nein, aber wenn man seine Ansichten nicht teilt bzw. diese für falsch hält, dann überschüttet man ihn nicht mit Vorwürfen und wendet sich auch nicht von ihm ab. Man redet weiter mit ihm, versucht ihn zu verstehen, respektiert und akzeptiert ihn und seine Andersartigkeit trotzdem. Man macht sich beispielsweise liebevolle Gedanken über ihn, spricht gut von ihm und lässt ihn auch wissen, was man für ihn empfindet. Man fühlt sich zu ihm hingezogen und fühlt sich in seiner Nähe wohl. Man macht ihm Komplimente und kleine Geschenke, sagt ihm nette Dinge. Man geht auf seine Wünsche ein, freut sich, dass es ihn gibt, und sagt ihm das auch. Man nimmt Rücksicht, verzeiht dem anderen, hilft ihm, wenn er in Schwierigkeiten ist. Man vertraut ihm und ist tolerant. Man kritisiert ihn nie persönlich, sondern höchstens sein Verhalten. Man überlegt sich zweimal, welche Worte man gebraucht. Man zeigt ein wahres Interesse an seiner Person und dem, was er tut.

So wie man denkt, fühlt und handelt, wenn man einen anderen Menschen sehr mag, so denkt, fühlt und handelt man, wenn man sich selbst mag.

Wenn wir für uns selbst nichts übrig haben, wenn wir

uns selbst ablehnen, dann fühlen wir uns unausgefüllt und leer. Wir (miss)brauchen dann andere, damit diese uns das Gefühl geben, liebenswert, wertvoll und wichtig zu sein. Der andere - meist der Partner - wird zum Suchtmittel, das wir ebenso benötigen wie ein Drogenabhängiger seine Drogen. Wir sind dann abhängig von der Anerkennung der anderen.

Wenn wir uns selbst nicht mögen, dann brauchen wir einen anderen, der uns sagt, dass wir liebenswert sind. Wir brauchen den anderen dann als Spiegel, der sagt: „Du bist der Schönste, Beste, Liebste im ganzen Land." Wenn, wie so oft, sich der andere von uns abwendet und sich jemand anderem zuwendet, dann geht mit ihm auch unsere Identität. Ohne ihn sind wir nichts und zurück bleibt ein verzweifelter Mensch, dem sein Lebenselixier genommen wurde.

Die nachfolgenden Übungen zur Stärkung Ihres Selbstwertgefühls habe ich meinem Buch ‹So gewinnen Sie mehr Selbstvertrauen› entnommen. Denken Sie daran: Je mehr Sie lernen, sich anzunehmen, umso besser wird es Ihnen gelingen, in Situationen, in denen Sie heute noch ausrasten, gelassener zu reagieren.

5 wirksame Strategien zum Aufbau eines positiven Selbstwertgefühls

1.
Sagen Sie sich: „Ich mag dich."

Dies ist die beste und wirksamste Übung, die ich kenne. Sie ist gleichzeitig aber auch diejenige, die Sie am meisten Überwindung kosten wird. Nehmen Sie einen Handspiegel oder noch besser einen Wandspiegel, schauen sich in die Augen und sagen sich laut: „Vera (setzen Sie hier Ihren Vornamen ein), ich mag dich."

Sagen Sie sich diesen Satz täglich mindestens 10-mal für die nächsten 3 Monate! Beginnen Sie damit, wenn Sie morgens ins Bad gehen, und beenden Sie damit Ihren Tag, ehe Sie zu Bett gehen und schlafen wollen. Stehen Sie also mit diesem Gedanken auf und gehen mit ihm ins Bett.

Wenn ich meine Patienten in der Therapie auffordere, dies zu tun, dann wehren sie sich meist mit Händen und Füßen. Sie sagen: „Das kann ich nicht." Es kostet sie eine wahnsinnige Überwindung, diese Übung zu machen. Manche Menschen haben Schwierigkeiten, sich in die Augen zu schauen, und manche fangen während der Übung zu weinen an. Auch Sie werden bei dieser Übung ähnliche Reaktionen bei sich feststellen. Dies zeigt Ihnen, wie weit Sie sich von sich entfernt haben, und wie fremd Sie sich doch im Grunde sind.

Je schwerer Ihnen diese Übung fällt, umso wichtiger ist sie für Sie. Beginnen Sie damit, sich die Worte „Vera (Ihr Vorname), ich mag dich" ganz teilnahmslos und gefühllos zu sagen. Machen Sie sich erst mit diesen Worten etwas vertraut. Je mehr Sie sich an die Worte gewöhnt haben, umso mehr sollten Sie versuchen, in Ihre Stimme etwas Wärme und Wohlwollen zu bringen, bis Sie schließlich in der Lage sind, sich diese Worte so liebevoll zu sagen, als würden Sie zu einem anderen Menschen sprechen, den Sie sehr gerne haben.

Rechnen Sie zu Beginn dieser Übung damit, dass Sie das starke Gefühl haben, Sie würden sich etwas vormachen oder sich belügen. Belügen Sie sich aber tatsächlich? Nein, in Wahrheit sagen Sie sich lediglich etwas, von dem Sie noch nicht überzeugt sind. Wiederholen Sie die Worte „Ich mag dich" unbeirrbar und stur mehrere Male.

Ignorieren Sie die unguten Gefühle, die in Ihnen hochkommen, und tun so, als wären sie nicht da. Bei dieser

Übung kommt es wie bei keiner anderen Übung darauf an, dass Sie nicht auf Ihr Gefühl hören, das Ihnen sagt, es sei falsch, sich so etwas einzureden. Hören Sie auf Ihren Verstand, der Ihnen sagt, dass es für Sie sehr wichtig ist, sich anzunehmen. Nur Mut. Probieren Sie es - auch wenn Sie hundert Anläufe brauchen, bis Sie diesen Satz über Ihre Lippen bringen. Sie haben nichts zu verlieren, aber sehr viel zu gewinnen.

2.
Schließen Sie Frieden mit den negativen Seiten von sich

Wenn Sie gewisse Eigenschaften und Verhaltensweisen nicht an sich leiden können und sich dafür verurteilen, dann liegen Sie in einer ständigen Zwietracht mit sich und leben in Unfrieden mit Ihrer Person und Ihrem Körper. Damit in Sie Harmonie einkehren kann, müssen Sie lernen, Ihre negativen Seiten an sich zu akzeptieren. Dann und erst dann haben Sie die Voraussetzung geschaffen, um diese überwinden zu können. Ich weiß, das klingt verrückt, denn Sie wollen ja alles andere, als Ihre negativen Seiten an sich zu tolerieren. Sie wollen sie loswerden, Sie wollen perfekt werden, ohne Fehl und Tadel sein. Aber glauben Sie mir: Je mehr Sie sich gegen Ihre „Fehler“ wehren, je mehr Sie diese verleugnen, unterdrücken und sich für sie verurteilen und schämen, umso hartnäckiger und stärker werden sie und umso geringer ist die Chance, sie jemals loszuwerden.

Keine Angst. Schlechte Seiten an sich zu akzeptieren heißt nicht, sie gut zu finden oder sich mit ihnen abzufinden. Sie zu akzeptieren bedeutet lediglich, sie für den Moment als Teil der eigenen Persönlichkeit anzunehmen. Manche meiner Patienten befürchten, dass, wenn sie erst einmal eine schlechte Eigenschaft von sich akzeptiert haben, sie keinen Antrieb mehr haben, etwas dagegen zu unternehmen. Das ist falsch. Das Gegenteil ist richtig. Erst wenn wir sie annehmen, haben wir die Kraft und Fähigkeit, sie zu verändern.

Machen Sie nun gleich eine Liste von all den Eigenschaften und Verhaltensweisen, die Sie nicht an sich ausstehen können. Schreiben Sie die 10 Eigenschaften auf, für die Sie sich am meisten schämen, und die Sie am schlimmsten finden.

1.

2.

3.

4.

5.

6.

7.

8.

9.

10.

Nun sagen Sie sich täglich mindestens 10 Mal: „Ich verzeihe mir, dass ich ... (setzen Sie hier die Eigenschaft ein, die Sie unter 1. stehen haben)." Sagen Sie sich diese Worte mindestens eine Woche lang bzw. so lange, bis Sie das Gefühl haben, sich diese Eigenschaft tatsächlich zu verzeihen. Danach setzen Sie die Eigenschaft, die Sie unter 2. stehen haben, ein und verfahren auf dieselbe Weise, usw.

3. Affirmative Tagesgedanken

Machen Sie sich die folgenden Worte zu Ihrem täglichen Gebet, das Sie sich mindestens dreimal täglich für die nächsten paar Monate durchlesen. Viele meiner Patienten sprechen sich diesen Text auf eine Kassette, die sie täglich anhören, oder sie legen sich diesen Text auf einem kleinen Stück Papier in den Geldbeutel.

„Ich bin wirklich etwas ganz Besonderes. Ich mag mich so, wie ich bin, und fühle mich gut. Obwohl ich mich ständig zu verbessern versuche und täglich besser werde, mag ich mich auch so, wie ich heute bin. Morgen, wenn ich mich noch mehr verbessert habe, werde ich mich auch mögen.

Auf der ganzen Welt gibt es niemanden, der so ist wie ich. Es hat niemanden wie mich je zuvor gegeben, und es wird auch nie mehr so jemanden geben! Ich bin einzigartig vom Scheitel bis zur Sohle. In mancher Hinsicht mag ich vielleicht wie andere aussehen, klingen oder handeln, doch ich bin nicht sie. Ich bin ich.

Ich wollte etwas ganz Besonderes sein. Jetzt weiß ich, dass ich es bin. Ich möchte niemand anders sein. Ich mag meine Gefühle, meine Gedanken und meine Art, wie ich Dinge angehe. Ich akzeptiere mich und erkenne an, wie ich bin. Ich besitze viele wunderbare Qualitäten. Ich habe Talente, Fertigkeiten und Fähigkeiten. Ich habe sogar Talente, von denen ich noch gar nichts weiß. Ich entdecke ständig neue in mir.

Ich bin positiv! Ich bin zuversichtlich! Ich habe eine gute Ausstrahlung! Ich bin voller Leben. Ich mag das Leben und bin froh, am Leben zu sein. Ich bin ein ganz besonderer Mensch, der zu einer ganz besonderen Zeit lebt. Ich bin intelligent. Mein Bewusstsein ist schnell, wachsam, klug und humorvoll. Ich habe gute Gedanken und mein Bewusstsein sorgt dafür, dass sich die Dinge in meinem Leben gut entwickeln.

Ich bin voller Energie, Begeisterung und Lebenskraft. Ich bin aufregend. Es macht Spaß, ich selbst zu sein. Ich bin gerne mit anderen Menschen zusammen und andere gerne mit mir. Sie haben Interesse an dem, was ich sage und denke. Ich weiß mein Glück, die Dinge, die ich lerne, und alles, was ich je lernen werde, zu schätzen, solange ich nur am Leben bin. Ich bin herzlich, ernsthaft, ehrlich und natürlich! Ich bin all das und noch viel mehr. All das gehört zu mir. Ich mag mich, so wie ich bin. Ich bin froh darüber, ich selbst zu sein."

Bei einigen Passagen werden Sie wahrscheinlich wieder das Gefühl haben, sich etwas vorzumachen. Sie glauben zu „wissen", dass Sie nichts Besonders sind, dass Sie nicht intelligent sind, dass Sie keine besonderen Talente und Fähigkeiten haben, usw. Deshalb sträubt sich alles in Ihnen, so etwas „Falsches" zu sagen. Schenken Sie diesem Gefühl, sich etwas Falsches einzureden, keine Beachtung. Kopf und Bauch werden mit der Zeit übereinstimmen, wenn Sie sich diese Worte oft und lange genug gesagt haben. Im Moment muss sich bei Ihnen bei diesen Worten noch Widerstand regen.

Ihr Zögern und Ihr Sich-dagegen-Wehren ist ganz normal und verständlich. Ihr Widerstand zeigt Ihnen, dass das negative Bild, das Sie von sich haben, sehr tief und fest in Ihnen verankert ist. Wenn man von etwas überzeugt ist, - gleichgültig, worum es geht - dann lässt man sich davon nicht so leicht abbringen. Das geht uns allen so. Sie wissen, dass Ihr momentanes Selbst-Bild das Ergebnis vergangener negativer Erfahrungen ist. Dieses Selbst-Bild ist jedoch nicht Ihr wahres Ich, sondern lediglich das Bild, das andere

- Ihre Eltern und Erzieher - sich von Ihnen gemacht haben, und das diese an Sie weitergegeben haben.

Sie haben sich dieses Bild der anderen zu Eigen gemacht und so sehr verinnerlicht, dass Sie glauben, es entspräche Ihrem wahren Ich und es beschreibe Sie völlig korrekt. In Wirklichkeit ist es aber nichts anderes als das subjektive Bild anderer Menschen, das Sie, aus Mangel an einem anderen Bild, übernommen haben.

Die Wahrheit über Sie und Ihr wahres Ich ist jedoch eine andere, mit der Sie sich erst noch anfreunden müssen. Wenn Sie sich die Wahrheit über sich oft und lange genug „eingeredet" haben, dann glauben Sie an sie und sind überzeugt, sie sei Ihr wahres Ich.

Wenn wir uns eine neue Identität schaffen wollen, d.h., wenn wir unser Selbstbild ändern, dann müssen wir die Bekanntschaft mit einer neuen Person, einem Fremden machen. Diese neue Person ist uns so fremd, dass wir sie zuerst gefühlsmäßig ablehnen und als nicht zu uns gehörig betrachten. Wir müssen uns erst mit ihr anfreunden und uns mit ihr vertraut machen. Es braucht Zeit, bis wir die Wahrheit - die einzig wahre - über uns akzeptieren können.

Lesen Sie deshalb die affirmativen Gedanken täglich mehrere Monate lang und Sie werden das alte, negative Bild von sich langsam durch ein neues, positives Bild ersetzen und dieses mit der Zeit für „wahr" halten. Es ist für Sie dann schon sehr viel selbstverständlicher und natürlicher, sich als wertvollen und liebenswerten Menschen zu sehen, und es kommt Ihnen etwas fremd vor, sich minderwertig zu halten.

Denken Sie immer daran: Sie fühlen sich wie der, für den Sie sich halten. Wenn Sie Ihre Einstellung zu sich ändern, wird sich auch Ihr Selbstwertgefühl ändern - das verspreche ich Ihnen. Sie glauben mir nicht? Warum probieren Sie es nicht einfach aus und finden selbst heraus, ob Sie oder ich Recht haben. Abgemacht?

4. Führen Sie ein Pluspunkte-Buch

Schreiben Sie auf, was andere Ihnen Schönes und Nettes sagen (Komplimente, Lob, anerkennende Worte, usw.). Finden Sie jeden Tag etwas, das Sie lobenswert und positiv an sich finden, und schreiben es auf. Diese Pluspunkte sind für Sie eine moralische Stütze, wenn Sie wieder einmal verzweifelt sind und glauben, minderwertig und wertlos zu sein.

Es ist wichtig, dass Sie sich diese Pluspunkte aufschreiben, da Sie sehr wahrscheinlich dazu neigen, diese sehr schnell wieder zu vergessen. Nur was Sie schwarz auf weiß haben, können Sie sich jederzeit in Erinnerung rufen. Wenn Sie keine Pluspunkte finden, dann liegt das wahrscheinlich daran, dass Sie die anerkennenden Worte anderer abwerten, indem Sie sagen: „Wenn der mich wirklich kennen würde, dann würde er so etwas nicht sagen" oder „Der will mir nur Honig um den Mund schmieren, weil er etwas von mir will." Solche Gedanken sind normal, wenn wir ein schlechtes Bild von uns haben. Wir können dann nämlich Komplimente nur schwer annehmen. Trotzdem: Notieren Sie die lobenden, anerkennenden Worte der anderen.

5. Machen Sie sich Ihre Stärken bewusst

Wenn ich meine Patienten bitte, mir zu sagen, welche positiven Seiten und Stärken sie haben, entsteht in der Regel erst einmal eine Pause. Es fällt ihnen nichts ein. Sie tun sich sehr schwer, positive Seiten an sich zu finden.

Wenn ich sie umgekehrt bitte, mir zu sagen, welches ihre negativen Eigenschaften sind, dann sprudeln sie nur so und können mir auf Anhieb einige aufzählen.

Sicherlich geht es Ihnen ähnlich. Auch Sie tun sich vermutlich sehr schwer, positive Seiten von sich zu nennen. Nun ist es jedoch an der Zeit, dass Sie sich einmal Ihre Stärken bewusst machen. Sie müssen Ihren negativen Seiten etwas entgegensetzen können. Wenn Ihnen nur Negatives über Sie einfällt, dann ist es nicht verwunderlich, dass Ihr Selbstvertrauen und Ihr Selbstbewusstsein gering sind.

Machen Sie mir und sich bitte nicht weis, dass an Ihnen nichts Positives ist. Sie haben wie jeder andere Mensch auch Ihre Stärken und positiven Eigenschaften. Dass Ihnen diese nicht bewusst sind bzw. Sie sich so schwer tun, diese zu benennen, liegt daran, dass Sie diese für selbstverständlich oder nicht der Rede wert halten. Sie glauben, nur solche positiven Seiten zu haben, die andere auch haben und die deshalb nicht erwähnenswert sind. Sie meinen, Sie müssten etwas finden, das Sie mit keinem anderen teilen können und das nur Sie besitzen.

Isabell, eine Patientin von mir, tat sich sehr schwer, etwas Positives an sich zu finden. Ich erinnerte mich, dass sie in einer unserer Sitzungen gesagt hatte, sie könne gut zuhören und andere kämen gern zu ihr, um sich auszusprechen. Ich fragte sie, ob dies nicht etwas Positives sei. Sie antwortete: „Das ist doch nichts Besonderes. Das kann jeder."

Vermutlich geht es Ihnen ähnlich. Auch Sie halten Ihre positiven und erwähnenswerten Seiten für nichts Besonderes und tun sich deshalb schwer, etwas zu finden. Das Problem ist Ihr Anspruchsniveau. Sie meinen, eine Eigenschaft, die manch ein anderer auch besitzt, sei nichts

Besonderes. Das ist ein großer Denkfehler. Sie sind zwar einzigartig in dem Sinne, dass es Sie nur ein einziges Mal auf der Welt gibt und je geben wird, aber dennoch teilen Sie mit anderen Menschen gewisse Eigenschaften und Fähigkeiten. Dies ist jedoch kein Grund, von sich zu behaupten, man habe nichts zu bieten, nur weil andere auch die eine oder andere Fähigkeit von einem haben.

Ich möchte, dass Sie eine Art Bewerbungsschreiben verfassen. Stellen Sie sich vor, Sie müssten sich als Mensch bewerben und es käme darauf an, dass Sie alle Ihre Stärken und positiven Eigenschaften - auch wenn Sie diese mit manch einem anderen teilen - hervorheben. Beim Verfassen dieses Bewerbungsschreibens mag es Ihnen helfen, wenn Sie sich daran erinnern, was andere Ihnen immer wieder zugute halten. Denken Sie darüber nach, welche positiven Seiten und Fähigkeiten andere an Ihnen schätzen, und führen diese mit auf. Nehmen sie sich Ihr Pluspunkte-Buch zur Hand und verwerten die Eintragungen in ihm. Dieses Bewerbungsschreiben sollte mindestens eine oder zwei handgeschriebene DIN-A4-Seiten umfassen.

Um Ihnen einen kleinen Eindruck davon zu vermitteln, wie ein solches Bewerbungsschreiben aussehen könnte, möchte ich Ihnen das von Gloria, einer meiner Patientinnen, vorstellen.

Gloria:

Ich bin 35 Jahre alt, verheiratet mit Klaus und habe zwei Kinder. Seit 10 Jahren arbeite ich als Sekretärin. Ich leiste gute Arbeit, komme fast immer pünktlich zur Arbeit, vergesse selten, Dinge zu erledigen, und erledige meine Aufgaben immer genau und pünktlich. Ich habe ein gutes Verhältnis zu den meisten meiner Kolleginnen und Kollegen. Mein Chef lobt mich von Zeit zu Zeit und sagt mir, dass er ohne mich aufgeschmissen wäre. Ich bin zuverlässig. Wenn man mir eine Arbeit überträgt, dann erledige ich sie auch

gewissenhaft und erfülle das Vertrauen, das man in mich setzt. Meine Kolleginnen unterhalten sich gerne mit mir und fragen mich oft um Rat, wenn es um private oder familiäre Probleme geht.
Ich bin ein warmherziger und offener Mensch. Ich verstehe mich gut mit meinen Kindern und meine Kinder haben Vertrauen zu mir. Wenn sie ein Problem haben, dann besprechen sie es mit mir. Wenn ich ungerecht zu ihnen oder aus einer schlechten Laune heraus zu streng zu ihnen war, dann kann ich mich entschuldigen und meinen Fehler eingestehen. Ich nehme mir die Zeit, um mir die Sorgen und Nöte meiner Kinder anzuhören.
Ich bin eine gute Köchin. Mein Mann und meine Kinder essen gerne, was ich ihnen vorsetze. Wenn wir Gäste haben, dann loben sie mich meistens sehr und bewundern meine Kochkünste. Ich stricke sehr gerne und meine Pullover finden immer großen Anklang.
Ich bin intelligent und kann mir Dinge gut merken. Ich bin handwerklich geschickt und kann kleinere Reparaturen im Haus selbst erledigen. Ich verstehe es gut, mir meine Arbeit einzuteilen. Ich lese gerne Bücher über andere Kulturen und Sitten. Es macht mir Spaß, mit anderen Menschen darüber zu diskutieren. Ich probiere gerne neue Speisen und Gerichte aus, die ich noch nicht kenne.
Ich fahre seit 10 Jahren unfallfrei und habe nur einmal einen Strafzettel wegen Falschparkens bekommen. Es macht mir Spaß, Auto zu fahren. Andere haben mir schon oft gesagt, dass ich eine gute Autofahrerin bin.
Ich bemühe mich, andere Menschen nicht vorschnell zu verurteilen. Ich versuche, ihr Verhalten zu verstehen, und erinnere mich daran, dass auch ich nicht perfekt bin. Ich mache auch Fehler und andere finden auch nicht immer gut, wie ich mich verhalte.

Beim Lesen dieser Selbstdarstellung mag Ihnen durch den Kopf gegangen sein, dass vieles, was Gloria erwähnt hat, auch auf Sie zutrifft, Sie aber nie auf den Gedanken gekommen wären, dies als positiv anzusehen. Dies zeigt Ihnen, mit welcher Selbstverständlichkeit Sie Ihre positiven Seiten sehen, und das sollte Ihnen zu denken geben.

So, nun sind Sie an der Reihe. Nehmen Sie sich mindestens ein oder zwei Stunden Zeit, um Ihre eigenen Stärken und positiven Seiten aufzuschreiben. Einmal fertiggestellt, sollten Sie diese Liste ständig ergänzen, wann immer Ihnen etwas einfällt, das Sie ausgelassen haben. Lesen Sie sich Ihr Geschriebenes täglich für 4 Wochen durch. Nur dadurch, dass Sie sich Ihre Stärken immer wieder in Erinnerung rufen, wird es Ihnen zur Gewohnheit, auch Ihre positiven Seiten zu sehen - und das ist sehr wichtig.

Nun, was meinen Sie? Werden Sie diese Übungen machen oder haben Sie schon beschlossen, dass sie zu schwer und zu zeitraubend sind? Also ich fände es sehr schade und traurig, wenn Sie zu diesem Schluss gekommen wären. Klar, es kostet Zeit und Überwindung, diese Übungen zu machen, aber das ist völlig normal. Wenn Sie keine Probleme mit diesen Übungen hätten, dann hätten Sie auch das Problem der Eifersucht nicht.

Wenn es Ihnen wirklich ernst ist, Ihre Eifersucht überwinden zu wollen, dann machen Sie bitte diese Übungen. Sein Selbstwertgefühl zu stärken, ist für mich die beste und wirksamste Strategie zur Überwindung der Eifersucht.

Zusammenfassung

1.

Unser Selbstwertgefühl ist die Folge davon, wie wir über uns als Mensch urteilen. Es hängt zu 100 % davon ab, wie wir über uns denken. Wenn wir uns minderwertig fühlen, dann deshalb, weil wir denken, wir seien minderwertig.

2.

Sich selbst zu mögen bedeutet nicht, überheblich und selbstherrlich zu sein. Es bedeutet nicht, sich selbst durch eine rosa Brille zu sehen und von sich zu schwärmen.

3.

Sich selbst zu mögen bedeutet, zu sich ebenso nett, freundlich und gerecht zu sein wie zu einem guten Freund.

4.

Wenn wir uns selbst nicht mögen, dann fühlen wir uns minderwertig und brauchen jemanden, der uns sagt, dass wir liebenswert und wertvoll sind. Dadurch sind wir von anderen und deren Anerkennung abhängig.

Nun sind Sie an der Reihe. Schreiben Sie auf, was Ihnen aus diesem Kapitel wichtig und erinnernswert erscheint.

Was möchte ich mir von diesem Kapitel merken?

8
Liebe und Partnerschaft

Viele Menschen haben eine sehr romantische Vorstellung von der Liebe, die meist nicht mit der Wirklickeit übereinstimmt und die deshalb sehr oft dazu beiträgt, dass es in einer Partnerschaft zu Konflikten und Auseinandersetzungen kommt. Aus diesem Grund wollen wir uns nun anschauen, was es mit der Liebe auf sich hat, und wie Sie dazu beitragen können, Ihre Partnerschaft zu verbessern.

Was ist Liebe?

Durch meine Arbeit mit vielen Paaren habe ich im Laufe der Jahre eine Definition von Liebe gefunden, die zwar nicht sehr romantisch klingt, dafür aber sehr hilfreich ist. Sie lautet: Liebe ist ein positives Gefühl, das dann entsteht, wenn wir uns liebevolle Gedanken machen.

Liebe ist ein positives Gefühl. Wie jedes andere Gefühl entsteht es durch Gedanken. Wenn wir verliebt sind, dann machen wir uns verliebte Gedanken: „Er ist so nett und zuvorkommend. Sie sieht unheimlich toll aus. Er ist ein wahnsinnig interessanter Typ. Sie hat einen so süßen Mund“, usw.

Ohne liebevolle Gedanken gibt es auch keine Liebe. Sie können das sehr leicht nachprüfen, wenn Sie sich an das letzte Mal zurückerinnern, als Sie mit Ihrem Partner Streit hatten. Haben Sie sich liebevolle Gedanken über Ihren Partner gemacht, oder haben Sie ihn in Gedanken eher verflucht? Und nun denken Sie einmal an die erste Zeit zurück, in der Sie verliebt waren. Welcher Art waren da Ihre Gedanken über Ihren Partner? Sie sehen: Das Gefühl der Liebe kann nur entstehen, wenn wir uns liebevolle Gedanken machen. In dem Moment, in dem wir hasserfüllte und negative Gedanken haben, verschwindet das positive Gefühl der Liebe, und an dessen Stelle treten negative Gefühle wie Ablehnung und Hass.

Liebe ist im Grunde genommen etwas sehr egoistisches. Ich weiß, dass Sie das nicht gerne hören, aber so ist es. Sie lieben einen anderen Menschen nie um seiner selbst willen. Sie lieben ihn nur solange, wie er gewisse Bedürfnisse und Wünsche bei Ihnen befriedigt. Das ist bei Ihnen so, bei mir und bei anderen.

Warum wird jede 3. Ehe geschieden? Weil der eine vom anderen nicht mehr das bekommt, was er möchte: Anerkennung, Sex, Bestätigung, Zärtlichkeit, Verständnis, Zuwendung, usw. Ich habe in meiner langjährigen Praxis noch keinen Menschen getroffen, der sich von seinem Partner getrennt hat, obwohl dieser ihm alles gab, was er sich wünschte und von einer Partnerschaft erhoffte. Meine Patienten, die sich getrennt haben, hatten immer eine ganze Latte von Beschwerden über den anderen.

Wenn Sie also möchten, dass Ihr Partner Sie liebt, dann erlauben Sie ihm, das zu tun, woran er Spaß hat, vorausgesetzt Ihre persönliche Freiheit und Ihre Rechte werden dadurch nicht beeinträchtigt. Es geht also nicht darum, dass sich Ihr Partner auf Ihre Kosten amüsiert. Wenn Ihr Partner mehr ausgehen möchte, dann lassen Sie ihn. Wenn er sich mit Freunden zum Skat treffen möchte, dann lassen Sie ihn. Je mehr Freiheit Sie ihm geben, umso mehr wird er Sie dafür lieben. Er wird es Ihnen danken.

Wenn Sie Ihren Partner jedoch von allen Menschen fernzuhalten versuchen und ihn obendrein auch noch beschimpfen und ihm Vorwürfe machen, dann dürfen Sie sich nicht wundern, wenn er aufhört, Sie zu lieben. Ihr Partner ist nicht mit Ihnen zusammen, um schlechter dran zu sein als zu der Zeit, als er noch alleine war, bzw. er Sie noch nicht kannte. Er ist mit Ihnen zusammen, um glücklicher zu sein. Er hat sich erhofft, dass mit Ihnen zusammen sein Leben schöner und befriedigender wird.

Einen anderen wirklich lieben heißt, ihn nicht einzuengen. Eine Liebe, die verhindert, dass sich der andere entfalten und verwirklichen kann, ist keine Liebe: das ist in meinen Augen Sklaverei. Wenn Sie Ihrem Partner verbieten, Spaß zu haben und z.B. mit anderen als Ihnen zu tanzen, dann wird er mehr und mehr unzufrieden. Er wird dann an den Punkt kommen, wo er feststellt, dass seine Wünsche und Bedürfnisse nicht mehr genügend befriedigt werden. Die Folge wird sein: Er trennt sich.

Petra ist seit drei Jahren mit Thomas verheiratet. Im ersten Jahr verlief ihre Beziehung sehr harmonisch. Beide waren sehr glücklich. Thomas war für Petra da, wenn es ihr schlecht ging. Er umsorgte sie, brachte ihr häufig Blumen und versuchte, ihr jeden Wunsch von den Augen abzulesen. Doch nach und nach hörte Thomas auf, sich auf diese Weise um seine Partnerin zu kümmern. Ja, er begann nun seinerseits Ansprüche zu stellen. Petra fühlte sich mehr und mehr vernachlässigt. Was war aus ihrem Mann geworden? Sie hatte einen aufopfernden und selbstlosen Menschen geheiratet, der immer für sie da war. Im dritten Jahr ihrer Ehe trennte sich Petra, da ihre Bedürfnisse nicht mehr in ausreichendem Maße erfüllt wurden.

Wenn sich Ihr Partner also über Ihr eifersüchtiges und besitzergreifendes Verhalten beschwert, dann nehmen Sie seine Worte zu Herzen. Lassen Sie Ihrem Partner seine Freiheiten. In aller Regel will Ihr Partner nicht mehr als das, was er auch schon vor Ihrer gemeinsamen Zeit tat: sich amüsieren, sich mit anderen Menschen treffen, tanzen gehen, usw.

Liebe ist ein Gefühl wie jedes andere Gefühl auch. Sie schaffen es sich selbst, indem Sie sich liebevolle und positive Gedanken über Ihren Partner machen. Liebe überfällt Sie also nicht. Liebe ist ein positives Gefühl, das wir uns immer wieder schaffen müssen. Es bleibt nicht automatisch für alle Zeiten da. Sie können Ihren Partner in einem Moment hassen und im nächsten Moment lieben.

Bedingungslose Liebe

Diese Form der Liebe ist die höchste Form der Liebe. Bedingungslos zu lieben bedeutet, den anderen so zu nehmen, wie er ist. Es bedeutet, an den anderen absolut keine Forderungen zu stellen. Es bedeutet, den anderen zu lieben, ohne zu erwarten, auch geliebt zu werden. Gleichgültig, was der andere auch tut oder sagt, man liebt ihn trotzdem.

Auch wenn diese Form der Liebe sehr wünschenswert und christlich ist, so glaube ich doch, dass nur sehr wenige Menschen dazu in der Lage sind. Sicherlich, es mag Menschen geben, die diese Form der Liebe praktizieren, wie etwa erfahrene buddhistische Mönche. Diese Menschen widmen sich ihr ganzes Leben lang jedoch nur der Vervollkommnung ihrer Persönlichkeit. Wir anderen werden diese Form der Liebe wohl nie erreichen können.

Sicherlich können wir uns darum bemühen. Wir können an uns selbst arbeiten. Doch mit der bedingungslosen Liebe ist es wie mit dem Streben nach Perfektion. Beides, Perfektion und bedingungslose Liebe, werden wir wohl nie erreichen. Machen Sie sich deshalb keine Vorwürfe oder Schuldgefühle, wenn Sie nicht zu bedingungsloser Liebe in der Lage sind. Verzeihen Sie sich diese menschliche Schwäche. Sie teilen sie mit Millionen anderer Menschen.

Schauen wir uns nun einige gefährliche Vorstellungen über die Liebe an, die mir immer wieder in meiner Praxis begegnen und die sehr leicht zu Konflikten führen können.

Gefährliche Mythen über die Liebe und die Ehe

1. Wenn man sich wirklich liebt, dann ist man sich immer einig und es gibt keinen Streit.

Diese Vorstellung von Liebe ist ziemlich wirklichkeitsfremd. Liebe hat absolut nichts mit „Friede, Freude und Eierkuchen" zu tun. Es gibt Zeiten der Ruhe, aber auch Zeiten voller Konflikte. Friede herrscht nur so lange, wie jeder das tut, was der andere von ihm erwartet.

Claudias Ehe verlief relativ harmonisch bis zu dem Tag, an dem sie beschloss, nicht länger nur zu Hause zu sitzen und die brave Ehefrau zu spielen. Sie wollte arbeiten gehen und ihr eigenes Geld verdienen. Ihr Mann sah rot und für lange Zeit hing der Haussegen sehr schief. Claudias Entschluss war der Beginn einer sehr langanhaltenden heftigen Auseinandersetzung. Dieser Streit hörte erst auf, als ihr Mann den Wunsch seiner Frau akzeptierte.

Die Menschen sind zu verschieden in ihren Ansichten und Erwartungen, als dass es immer nur Einigkeit zwischen ihnen geben kann. Eine Auseinandersetzung ist nichts Schlechtes. Im Gegenteil! Sie kann neuen Schwung in eine Beziehung bringen und dazu beitragen, dass der Staub der Jahre hinweggewischt wird.

Das Äußern von Wünschen ist ein Recht und auch die

Pflicht jedes Partners. Bringt er diese nicht ein, weiß der andere nicht, wo er steht, und kann sich auch nicht damit auseinandersetzen. Keiner der Partner hat jedoch ein Anrecht darauf, dass seine Wünsche vom anderen erfüllt werden.

Soll die Partnerschaft erhalten bleiben und erfolgreich funktionieren, muss jeder Partner zu Kompromissen und Entgegenkommen bereit sein. Eine gute Partnerschaft lebt von dem ständigen Austausch über Wünsche. Werden auf Dauer nur die Wünsche eines Partners erfüllt, geht die Beziehung kaputt.

Eine Partnerschaft ist mit einem Garten vergleichbar. Man muss ihn pflegen und schauen, was er braucht, damit er einem Freude macht und ertragreich ist. Überlassen wir den Garten sich selbst, dann verwildert er.

2. Wenn man erst mal verheiratet ist, dann wird sich der andere schon ändern.

Mit dieser Hoffnung heiraten viele Männer und Frauen. Nur selten erfüllt sie sich jedoch. Im Gegenteil, die Ehe bringt meist noch mehr Eigenschaften zutage, die man nicht mag.

Ingeborg heiratete Peter trotz seines übermäßigen Alkoholkonsums. Sie dachte, die Heirat werde aus ihm schon einen anderen Menschen machen. Er werde schon zur Vernunft kommen. Weit gefehlt. Peter trank noch mehr und häufiger, bis er schließlich seine Arbeit und seine Frau verlor.

Michael heiratete Nicole, obwohl ihn störte, dass sie rechthaberisch war und schnell aufbrauste. Er dachte, sie werde sich schon ihre Hörner abstoßen, wenn sie erst mal verheiratet seien.

Manche Menschen kommen „zur Vernunft“ und ändern sich, wenn sie verheiratet sind: Die meisten tun es nicht. Die Ehe ändert die Menschen nicht auf magische Weise. Ist es nicht vielmehr so, dass man vor der Ehe versucht, ein möglichst gutes Bild von sich abzugeben? Ist man erst mal verheiratet, dann gibt man so manches „Balzverhalten“ auf, das man nur zu dem einen Zweck an den Tag gelegt hat, nämlich den anderen zu erobern. Man hat es ja dann nicht mehr nötig, denkt man, sich so anzustrengen, weil der andere einem ja sicher ist.

3. **Zu zweit ist das Leben schöner und man ist glücklicher als alleine.**

Das kann sein, muss es aber nicht. In der Regel kommen die Probleme erst, wenn man verheiratet ist. Eine Ehe ist ein Auf und Ab. Freude und Frustrationen wechseln sich ab. Erwarten Sie nicht, dass das Leben automatisch schöner und glücklicher wird, nur weil Sie einen anderen Menschen lieben. Um dies zu erreichen, müssen Sie sehr viel dafür tun.

4. **Es gibt nur einen einzigen Menschen, mit dem ich glücklich sein kann.**

Das stimmt nicht. Sie lieben jeden Menschen, der Ihnen das gibt, was Sie möchten. Hört der Partner auf, Ihnen das zu geben, was Sie wünschen, dann hören Sie auf, ihn zu lieben. Treffen Sie einen anderen, der Ihre Wünsche erfüllt, dann verlieben Sie sich in ihn. Es ist möglich, sich gleichzeitig in mehr als nur einen Menschen zu verlieben.

5. **Wenn man sich liebt, dann tut man nie etwas, was der andere nicht mag.**

In meinen Augen ist das keine Liebe, das ist Diktatur und Intoleranz.

Birgit ärgert sich darüber, dass ihr Mann Dieter mit seinen Freunden einmal in der Woche alleine weggeht und einen „drauf macht". Dieter ärgert sich wiederum darüber, dass seine Frau dafür kein Verständnis aufbringt. Beide sagen dasselbe: „Wenn du mich lieben würdest, dann ..."

Dieter und Birgit stellen beide an den anderen Forderungen. Jeder hat seine eigene Auffassung davon, was Liebe ist, und fordert vom anderen, dass dieser die eigene Auffassung teilt.

Einen anderen Menschen zu lieben bedeutet für mich, ihm die Freiheit zu geben, das zu tun, was ihm guttut - auch wenn ich mir wünschen würde, er würde um meinetwillen darauf verzichten. Wenn wir aus falsch verstandener Rücksicht auf die Verwirklichung unserer Wünsche und Bedürfnisse verzichten, dann erreichen wir gerade das Gegenteil von dem, was wir wollen. Wir haben immer mehr das Gefühl, zu kurz zu kommen, und wenn unser Partner sich Rechte herausnimmt, die wir uns nicht zugestehen, dann fühlen wir uns ausgenutzt, sind verärgert. Es kommt zu Streitigkeiten und auf lange Sicht ist die Chance sehr groß, dass man sich trennt.

6. Wenn mich mein Partner liebt, kann er mir meine Wünsche von den Augen ablesen.

Um das tun zu können, müsste der Partner hellseherische Fähigkeiten haben. Er müsste Gedanken lesen können, um zu wissen, was Sie gerne von ihm haben möchten. Da das jedoch nicht der Fall ist, müssen Sie ihm schon sagen, was Sie von ihm erwarten. Vielleicht, ja sehr wahrscheinlich, müssen Sie es ihm sogar mehrmals sagen. Ihr Partner und Sie sind zu verschieden, als dass jeder vom anderen wissen könnte, was dieser mag und was nicht.

7. Mein Partner macht mich (un)glücklich.

Niemand kann Sie glücklich und niemand kann Sie unglücklich machen. Nur Sie alleine können sich glücklich oder unglücklich machen. Es sind Ihre Forderungen, die Sie an den Partner stellen, die darüber bestimmen, wie glücklich Sie sind. Wenn Ihr Partner nicht auf Ihre Forderungen eingeht, dann ist es nicht seine Schuld, wenn Sie unglücklich sind. Sie sind nur unglücklich, weil Sie nicht das bekommen, was Sie fordern und glauben, unbedingt haben zu müssen.

Wenn Sie akzeptieren, dass etwas nicht nach Ihrem Willen gehen muss, dann sind Sie nur enttäuscht. Der sicherste Weg, sich unglücklich zu machen, ist, etwas zu fordern. Gleichgültig, für wie wichtig Sie etwas halten, Sie müssen es nicht bekommen, und andere müssen es Ihnen nicht geben.

Was tun, wenn Sie kurz vor einer Trennung stehen?

Eine Trennung ist für jeden Menschen, auch wenn er nicht eifersüchtig ist, eine schmerzliche Erfahrung. Gefühle von Wut, Angst, Verzweiflung und Deprimiertsein wechseln sich ab.

Es gibt für diese aufbrechenden Gefühle keine schnelle Heilung. Die Verarbeitung einer Trennung ist wie das Besteigen eines Berges: Man fängt ganz unten im Tal an und arbeitet sich Schritt für Schritt nach oben zum Gipfel. Es gibt keinen Weg, wie man vom Tal direkt zum Gipfel gelangen kann.

Wenn Sie den Eindruck haben, Ihren Trennungsschmerz und die vielen anderen damit verbundenen negativen

Gefühle nicht alleine überwinden zu können, dann empfehle ich Ihnen, einen Psychotherapeuten zu Rate zu ziehen. Mit seiner Hilfe können Sie verhindern, dass Sie in negativen Gefühlen steckenbleiben und so den Gipfel nicht erreichen.

Was Sie für das Gelingen Ihrer Partnerschaft tun können

1. Übernehmen Sie Verantwortung für Ihre Gefühle. Geben Sie nicht Ihrem Partner die Schuld für Ihr Unglücklichsein.

2. Übernehmen Sie die Verantwortung für Ihre Wünsche. Äußern Sie diese klar und deutlich, aber fordern Sie nicht, dass Ihr Partner Ihnen Ihre Wünsche erfüllen muss.

Für den Erfolg einer Beziehung ist es wichtig, dass Ihr Partner weiß, was in Ihnen vorgeht. Wenn Sie lange Zeit Ihren Ärger schlucken und dann plötzlich bei einer Kleinigkeit explodieren, wird der Partner Ihre Reaktion nicht verstehen. Er weiß schließlich nicht, dass Sie schon Wochen oder gar Monate mit einer Unzufriedenheit schwanger gehen. Ihr Partner kann nur dann etwas an seinem Verhalten ändern, wenn er weiß, was er ändern soll. Manchmal wird sich Ihr Partner nicht ändern, obwohl er Ihre Wünsche kennt. Dann können Sie nur entscheiden, ob Sie sein Verhalten akzeptieren oder sich weiter bemühen wollen, ihn zu verändern.

3. Respektieren Sie Ihren Partner.

Eine Partnerschaft ohne Respekt für den anderen und seine Wünsche ist der beste Weg, um eine Beziehung zu ruinieren. Viele Beziehungen sind nichts anderes als das Verhältnis zwischen einem Herrn und einem Sklaven.

Niemand ist aber das Eigentum des anderen. Man kann einen Menschen nicht besitzen wie ein Möbelstück, das man gekauft hat. Ihr Partner hat ein Recht auf seine Wünsche, auch wenn sie Ihnen nicht gefallen.

4. Denken Sie daran: In jedem Menschen steckt die Fähigkeit zu lieben.

Nicht jeder aber kann diese Fähigkeit zu lieben gleich gut und oft ausdrücken. Es gibt verschiedene Ausdrucksformen von Liebe. Liebe ist, wenn er Blumen mitbringt, wenn sie sein Lieblingsessen kocht. Es kann auch ein Zeichen von Liebe sein, wenn Ihr Partner Sie kritisiert. Es muss ihm viel an Ihnen liegen, wenn er das Risiko auf sich nimmt, von Ihnen dafür abgelehnt zu werden, dass er Ihnen sagt, was er nicht gut an Ihnen findet.

5. Unterstützen Sie Ihren Partner darin, das zu tun, was er möchte.

Erfolgreiche und gute Partnerschaften sind meist die, in denen jeder dem anderen die Freiheit lässt, sich zu entfalten und weiterzuentwickeln.

Was ist der Vorteil, zu zweit zu sein? Der Vorteil einer Partnerschaft liegt für mich darin, von einem anderen Menschen Hilfe und Unterstützung für die Erreichung eigener Ziele zu bekommen.

Der Sinn einer Partnerschaft kann nicht der sein, dass man schlechter dran ist, als wäre man allein. Genau das aber ist der Fall, wenn man sich gegenseitig durch Verbote und egoistische Forderungen einschränkt und die Freiheit des anderen beschneidet. Fragen Sie jemanden, der sich getrennt hat, was er positiv an der Trennung findet. Sie werden sehr oft hören: „Endlich kann ich mal wieder ohne schlechtes Gewissen tun, was ich will. Niemand ist da, der mir reinreden will, was ich zu tun und zu lassen habe.“

Wenn Sie möchten, dass Ihr Partner Sie liebt, dann geben Sie ihm Ihre volle Unterstützung. Er wird es Ihnen danken. Ich weiß, das mag für Sie bedrohlich sein. Sie haben Angst, ihm zu viele Freiheiten zu lassen, da er sich sonst von Ihnen eines Tages lossagen könnte. Das ist möglich. Das wäre jedoch dann auch gekommen, wenn Sie sich an ihn geklammert hätten und ihm keine Freiheiten gelassen hätten. Gleichgültig, wie sehr Sie sich an ihn klammern, Sie können dadurch nicht verhindern, dass Ihr Partner Sie eines Tages vielleicht nicht mehr liebt. Sie können die Liebe eines anderen Menschen nicht erzwingen. Wenn Sie das versuchen, erreichen Sie meist das Gegenteil von dem, was Sie möchten.

6. Betrachten Sie Auseinandersetzungen und Konflikte als einen unvermeidbaren Bestandteil Ihrer Beziehung.

Keine Konflikte zu haben, ist ein Warnsignal. Ja, sie haben richtig gelesen. Wenn es in einer Beziehung keine Konflikte gibt, dann ist in der Regel etwas faul. Es ist nämlich so gut wie unmöglich, dass zwei Menschen sich immer in allem einig sind.

Sprechen Sie mit Ihrem Partner über Ihre Gedanken und Einstellungen, auch wenn Sie befürchten, damit auf wenig Gegenliebe zu stoßen. Nur so können Sie vermeiden, dass Sie sich auseinander leben. Gegenteiliger Meinung zu sein bedeutet nicht, sich bis aufs Messer zu bekriegen. Sie können beide Meinungen und Ansichten nebeneinander stehen lassen als das, was sie sind: als Meinungen.

7. Machen Sie sich öfter mal liebevolle Gedanken und Gefühle, indem Sie sich in Erinnerung rufen, was Ihnen an Ihrem Partner gefällt.

Rufen Sie sich jeden Abend, ehe Sie einschlafen, die schönen Stunden, die Sie mit Ihrem Partner verbracht haben, in Erinnerung. Gehen Sie nicht mit Gefühlen des Hasses und Ärgers schlafen.

8. Die Partnerschaft ist ein Gewinn-Gewinn-Spiel.

In der Partnerschaft geht es nicht darum, dass ein Partner gewinnt und der andere verliert. Um eine Beziehung am Leben zu erhalten, müssen beide Partner gewinnen. Das Spiel läuft nur weiter, wenn beide zu Kompromissen bereit sind oder bereit sind, manchmal „dem anderen zuliebe" etwas zu tun.

Ihr Partner hat Ihnen zuliebe lange Zeit Ihre Eifersucht ertragen. Er hat sehr viel einstecken und hinnehmen müssen. Belohnen Sie ihn dafür. Geben Sie ihm schrittweise seine Freiheit zurück. Er wird es Ihnen danken.

Fassen wir zusammen

1.

Liebe ist ein positives Gefühl, das dann entsteht, wenn wir uns liebevolle Gedanken über einen anderen machen.

2.

Wenn wir aufhören, uns liebevolle Gedanken zu machen, dann hört auch unsere Liebe für den anderen auf.

3.

Liebe muss man sich immer wieder neu schaffen. Sie bleibt nicht für alle Zeiten da.

4.

Wir lieben einen anderen für das, was er uns gibt.

5.

Geben Sie deshalb Ihrem Partner die Freiheiten, die er haben möchte. Je mehr Sie ihn einengen, umso weniger wird er etwas für Sie empfinden.

Was möchte ich mir merken?

Wenn wir das Glück nicht in uns selbst finden, dann suchen wir es vergebens woanders.

9
Gehen Sie eigene Wege

Für Ihre Therapie ist es sehr wichtig, dass Sie selbstständiger und unabhängiger werden, sprich, dass Sie unabhängiger von der Bestätigung und Anerkennung Ihres Partners werden. Eifersüchtige Menschen haben sehr oft keinen oder nur wenig Kontakt zu ihren Mitmenschen. Sie gehen selten alleine aus und unternehmen kaum etwas ohne ihren Partner. Hierfür gibt es vor allem zwei Gründe:

1. Sie haben große Angst, ihr Partner würde sich auch das Recht herausnehmen, alleine wegzugehen, wenn sie es tun, und

2. es fehlt ihnen an selbstsicherem Auftreten.

Da eifersüchtige Menschen wenig Kontakt zu anderen haben, klammern sie sich umso mehr an ihren Partner. Wenn ihr Partner ginge, dann würden sie ganz alleine dastehen.

Zur Überwindung Ihrer Eifersucht gehört deshalb auch, dass Sie Ihr Schneckenhaus verlassen und lernen, auf andere Menschen zuzugehen. Wenn Sie in der Lage sind, zu anderen Menschen befriedigende Beziehungen zu unterhalten, dann gelingt es Ihnen besser, Ihre innere Abhängigkeit vom Partner zu lösen. Je mehr Sie lernen, auf eigenen Beinen zu stehen, umso weniger Angst werden Sie verspüren, Ihren Partner zu verlieren. Gleichzeitig können Sie Ihrem Partner mehr Freiheiten lassen. Es kommt weniger zu Streit und Vorwürfen, kurz, Ihre Beziehung verbessert sich.

Da es den Rahmen dieses Buches sprengen würde, wenn ich darauf eingehen würde, wie Sie lernen können, selbstsicherer aufzutreten, möchte ich Ihnen das Buch von Doris Wolf ‹Nur Mut zum ersten Schritt› empfehlen. In ihm finden Sie viele Ratschläge, wie Sie lernen können, Ihre Angst vor Ablehnung zu überwinden und auf andere Menschen zuzugehen. Wenn Sie in einer größeren Stadt wohnen, dann werden an der dortigen Volkshochschule sicherlich sogenannte Selbstsicherheitstrainings angeboten. Dort können Sie mit anderen Gleichgesinnten lernen, Ihre Unsicherheiten und Hemmungen abzulegen. Ich empfehle Ihnen sehr, sich einer solchen Gruppe anzuschließen. Sie können für sich eine Menge lernen.

Die Angst vor der Revanche

Sicherlich gab es schon so manche Gelegenheit, bei der Sie gerne alleine, mit einer Freundin oder einem Freund weggegangen wären. Meist haben Sie aber darauf verzichtet, aus Angst, Ihr Partner könne dann für sich das gleiche Recht beanspruchen.

Bei dem Gedanken, Ihr Partner werde ohne Sie ausgehen, verspürten Sie große Angst. Sie glaubten, Ihr Partner sei dann vielen Versuchungen ausgesetzt, denen er nicht widerstehen könnte. Dieses Risiko müssen Sie jedoch eingehen. Je mehr Sie versuchen, Ihren Partner zu Hause anzubinden, umso unzufriedener wird er. Das Risiko, dass er sich trennt, ist dann größer als das Risiko, dass er sich bei freiem Ausgang einen anderen Partner zulegt. Es gibt in einer Partnerschaft keine Garantie für ein ewiges Zusammensein.

Vielleicht haben Sie sich bislang aber auch dadurch daran gehindert, alleine, d.h. ohne Ihren Partner, etwas zu unternehmen, dass Sie dachten: „Alleine macht es keinen

Spaß." Wenn Sie mit dieser Einstellung alleine weggingen, dann würden Sie tatsächlich keinen Gefallen daran finden. Sagen Sie sich stattdessen: „Ich probiere es und schaue, was passiert." Geben Sie sich eine Chance, sich positiv überraschen zu lassen und hören nicht auf Ihr ungutes Gefühl, das Ihnen zu sagen scheint: „Das bringt doch nichts."

Was Sie tun können, um selbstständiger zu werden

1. Rufen Sie Bekannte an und schlagen vor, sich zu treffen.

   Überlegen Sie, mit welchen Bekannten und Freunden Sie sich früher gerne getroffen haben. Nehmen Sie zu diesen wieder Kontakt auf. „Aber was werden die denken, wenn ich nach so langer Zeit wieder anrufe?" Was sollen die schon denken? Sie haben sich einmal gekannt und dann aus den Augen verloren. Was ist schon dabei, alte Freundschaften wieder aufzufrischen?

2. Wenn Sie eine Einladung zu einem Fest oder einem Klassentreffen bekommen oder eine Veranstaltung besuchen möchten, dann gehen Sie alleine hin oder laden sich dazu eine Freundin oder einen Freund ein, wenn Ihr Partner nicht mitgehen möchte.

3. Suchen Sie sich ein Hobby oder eine Sportart, die Sie mit anderen Menschen ausüben können.

Worum es also geht, ist, dass Sie für sich selbst Dinge tun und nicht wie eine Klette an Ihrem Partner kleben. Machen Sie sich auf die Suche nach Aktivitäten, die Sie befriedigen. Hören Sie auf, nach der Devise zu leben: „Entweder wir machen etwas zusammen oder gar nicht." Beginnen Sie nach der Devise zu leben: „Entweder wir machen etwas zusammen oder ich mache es alleine." Das soll keine Drohung an Ihren Partner sein. Es ist nur ein Ausdruck von Unabhängigkeit und Freiheit.

Je mehr Sie auf eigenen Beinen stehen und je weniger Sie sich in Ihrem Handeln von Ihrem Partner abhängig machen, umso größer ist Ihre Chance, Ihre Eifersucht zu überwinden. Anfänglich wird es Ihnen nicht leicht fallen. Es wird sich in Ihnen alles sträuben, alleine wegzugehen. Sie werden mit Ihren Gedanken viel bei Ihrem Partner sein: was er wohl macht, wie es ihm geht, usw. Das verliert sich. Wenn Sie nicht auf Ihr Gefühl hören, das Ihnen sagt, es bringe nichts, alleine wegzugehen, dann haben Sie die Chance, dass Sie es mit der Zeit genießen werden, alleine wegzugehen.

Fassen wir zusammen

1.

Es ist wichtig für Sie, sich innerlich von Ihrem Partner zu lösen. Damit meine ich nicht, dass Sie aufhören sollen, ihn zu lieben. Es bedeutet lediglich, dass Sie selbstständiger werden und nicht auf soziale Aktivitäten verzichten.

Was möchte ich mir merken?

10
Zusammenfassung der wichtigsten Schritte zur Überwindung Ihrer Eifersucht

Die Zusammenstellung der wichtigsten Schritte zur Überwindung Ihrer Eifersucht zeigt Ihnen auf einen Blick, worauf Sie besonders achten müssen. Lesen Sie sich diese Zusammenfassung täglich durch. Überprüfen Sie dabei, worauf Sie bereits geachtet haben und auf welche Schritte Sie sich noch mehr konzentrieren müssen.

1.

Übernehmen Sie für Ihre Eifersucht die Verantwortung. D.h.: Machen Sie sich klar: „Ich bin es, der sich eifersüchtig macht. Mein Partner hat keine Schuld." Dies ist der erste und wichtigste Schritt für die Überwindung Ihrer Eifersucht.

2.

Lernen Sie, das Verhalten Ihres Partners als das anzusehen, was es in der Regel ist: ein harmloses und ganz normales Verhalten. Ihr Partner führt vermutlich nichts im Schilde. Er will Sie nicht betrügen.

3.

Untersuchen Sie Ihre Gedanken daraufhin, ob sie mit den Tatsachen übereinstimmen. Weigern Sie sich, sich Dinge einzureden, die nicht stimmen. Halten Sie sich an die Tatsachen und nicht an das, was Sie hinter den Tatsachen vermuten. Das meiste davon existiert nur in Ihrer Einbildung.

4.

Machen Sie positive Vorstellungsübungen. Spielen Sie in Gedanken immer wiederkehrende Situationen durch, in denen Sie normalerweise eifersüchtig reagieren. Anstatt sich nun aber eifersüchtige Gedanken zu machen, halten Sie sich an die Tatsachen.

5.

Unterlassen Sie negative Vorstellungen, in denen Ihre lebhafte Phantasie mit Ihnen durchgeht. Sie steigern sich durch sie nur in Ihre Eifersucht hinein.

6.

Zeigen Sie Ihrem Partner nicht, dass Sie eifersüchtig sind. Beißen Sie sich lieber auf die Zunge, als dass Sie ihm eine Szene machen.

7.

Lassen Sie Ihrem Partner seine Freiheit. Er will nicht sehr viel von Ihnen. Er möchte sich lediglich amüsieren und es sich gut gehen lassen. Das ist nicht zuviel verlangt.

8.

Nehmen Sie nicht alles persönlich. Wenn sich Ihr Partner freundlich mit anderen unterhält, dann ist das kein Angriff auf Ihre Person. Entspannen Sie sich. Sie sind Ihrem Partner nicht gleichgültig, nur weil er sich nicht rund um die Uhr mit Ihnen beschäftigt.

9.

Vertrauen Sie Ihrem Partner. Je mehr Sie ihn der Lüge bezichtigen, umso weniger wird er erzählen. Wenn er Ihnen sagt, dass Sie ihm unrecht tun, dann glauben Sie das.

10.

Wenn Sie möchten, dass Ihr Partner bei Ihnen bleibt, dann

hören Sie auf, ihn wie einen Schwerverbrecher zu verhören.

11.

Arbeiten Sie an Ihrer Selbstachtung. Vermeiden Sie es, Ihren Wert als Mensch von anderen und deren Verhalten abhängig zu machen. Sie sind ein wertvoller und liebenswerter Mensch, einfach weil Sie existieren.

12.

Verurteilen Sie sich nicht für Ihre Fehler und Schwächen. Trennen Sie Ihr Verhalten von Ihrer Person, d.h. geben Sie sich die Note 6 für Ihr Verhalten, aber geben Sie sich nie eine 6 für Ihre Person.

13.

Bedenken Sie, dass Ihr Partner Sie nur so lange liebt, wie Sie seine Bedürfnisse befriedigen. Je mehr Sie versuchen, ihn einzuengen, und ihm Vorwürfe machen, umso weniger wird er Sie lieben. Was haben Sie bisher getan, um mehr die Bedürfnisse Ihres Partners zu befriedigen?

14.

Gehen Sie eigene Wege. Unternehmen Sie auch mal etwas alleine ohne Ihren Partner. Kleben Sie nicht wie eine Klette an ihm. Das tut Ihnen gut und Ihrem Partner.

Wenn etwas nicht so läuft,
wie wir es möchten,
dann sollten wir nicht hadern,
sondern uns fragen, was wir tun können,
um die Sache zum Laufen
zu bringen.

11
Fragen meiner Leser

Ich bekomme zu diesem Buch - die erste Auflage erschien vor etlichen Jahren - viele Rückmeldungen von Leserinnen und Lesern, die mir ihre Erfahrungen mit diesem Buch mitteilen und Fragen stellen. Einige Leserbriefe und meine Antworten möchte ich hier in gekürzter Form wiedergeben, da sie zeigen, dass die Eifersucht viele Gesichter hat und die Betroffenen sie verschieden erleben. Vielleicht helfen Ihnen auch meine Antworten weiter. Die Namen und Orte sind geändert.

Petra S. aus Wien schrieb mir:
„Sie schreiben, dass die Gedanken selten mit den Tatsachen übereinstimmen. Als mein Freund im Fernsehen die Werbung mit Claudia Schiffer für ein Shampoo angesehen hat, habe ich gedacht: Tatsache ist: Er schaut die Schiffer-Shampoo-Werbung. Punkt. Aber Tatsache ist doch auch, dass sie ihm gefällt, weil sie ja 1000-mal erotischer ist als ich, und das erfinde ich ja nicht, weil er mir mal gesagt hat, dass sie gut aussieht. Wieso nimmt er sich dann nicht einen Schiffer-Verschnitt? Ich raste immer aus. Ich muss mich manchmal übergeben, weil mir so schlecht wird, wenn er fernsieht. Sie haben Recht, dass ich mich eifersüchtig mache, aber Tatsache ist auch, dass er andere Frauen anschaut und bestimmt nicht, weil diese eine krumme Nase haben. Ich halte das nicht mehr aus. Wieso tut er das? Er hat mich doch zum Anschauen, aber ich bin ihm nicht schön genug, auch wenn er sagt, dass das nicht stimmt. Ich würde meine Haare, meine Figur so formen, wie er es will, aber er sagt immer, ich soll nicht so einen Blödsinn daherreden, er mag mich so, wie ich bin. Aber wieso muss er dann andere anschauen? Seine Mutter denkt, er und ich

sind nicht ebenbürtig. Ich bin minderer. Ich weiss, dass sie Recht hat. Ich weiss auch nicht, was er von mir will."

Ich habe Petra Folgendes geantwortet:
„Auch wenn Ihrem Freund Claudia Schiffer gefällt, heißt das, dass er sie erotischer findet, als Sie? Kann sein, muss aber nicht. Das ist erst einmal Ihre Schlussfolgerung und Bewertung. Aber selbst, wenn Claudia Schiffer in den Augen Ihres Freundes erotischer sein sollte als Sie, was heißt das? Dass er Sie nicht mag? Dass er Sie für ein hässliches Entlein hält? Warum, wenn dem so wäre, ist er dann noch mit Ihnen zusammen? Könnte er nicht jemanden finden, den er für erotischer hält als Sie? Natürlich könnte er das. Und warum tut er es dann nicht? Offensichtlich findet er Sie attraktiv, so wie Sie sind, auch wenn er andere Frauen anschaut und diese ihm gefallen. Und das sagt er Ihnen ja auch. Nur, das Problem ist, dass Sie ihm nicht glauben. Und warum glauben Sie ihm nicht? Sie glauben ihm nicht, weil Sie selbst von sich denken, dass Sie „minder" und nicht attraktiv genug sind. Sie fühlen sich in dem Maße von Ihrem Freund akzeptiert und gemocht, wie Sie sich selbst akzeptieren und mögen. Wenn Sie Ihre Meinung von sich ändern, sprich positiver über sich denken, dann steigt Ihr Selbstvertrauen und Ihr Selbstwertgefühl und Sie fühlen sich nicht mehr verletzt, wenn Ihr Freund auch andere Frauen attraktiv findet. Arbeiten Sie also an Ihrem Selbstwertgefühl und lernen, sich anzunehmen."

Erika B. aus Ravensburg schrieb mir:
„Die Eifersucht war für mich schon immer ein Problem, insbesondere bei Geschäftsreisen und Kolleginnen meines Mannes. Ich konnte mich meist aber schnell wieder beruhigen, bis ich durch „Zufall" in den Geschäftsunterlagen für eine Reise Sexmagazine fand. Für mich ist eine Welt zusammengebrochen. Unsere bisher scheinbar glückliche Ehe und unser gutes Sexleben waren beendet. Ich stellte meinen Mann zur Rede und er beteuerte, das hätte nichts

mit mir zu tun. Aber ich frage mich, mit wem dann? Vielleicht mit den Kolleginnen, die auf solchen Reisen immer wieder mal dabei sind? Inzwischen ertrage ich es kaum mehr, wenn er in der Arbeit ist. Ich denke den ganzen Tag daran, mit welchen tollen Frauen er zu tun hat. Wie soll ich mein Selbstvertrauen zurückgewinnen, wo mir doch klar ist, dass er vollbusige Frauen bevorzugt. Meine Figur ist nun mal zierlich und mein Busen klein."

Ich schrieb Erika Folgendes:
„Sie sagen, dass Ihre Beziehung und Ihr Sexleben bisher glücklich und gut waren. Es kann natürlich sein, dass nur Sie das so erlebt haben und nicht Ihr Mann. Aber das halte ich für nicht sehr wahrscheinlich. Sonst würden Sie Ihr Sexleben nicht als gut erlebt haben. Dass Ihr Mann Sexmagazine anschaut und sich dabei vielleicht sogar Appetit holt, ist völlig normal und harmlos. Männer tun das. Es mag auch sein, dass Ihr Mann Frauen mit einem größeren Busen erotisch findet. Fragen Sie ihn, statt darüber zu spekulieren. Selbst wenn dem so wäre, frage ich mich, warum er Sie geheiratet hat und Ihr Sexleben bislang gut war. Hätte er keine Frau mit einem größeren Busen bekommen können? Ich denke schon. Wenn ihm das so wichtig gewesen wäre, dann wären Sie heute nicht verheiratet. Sie fragen, wie Sie Ihr Selbstvertrauen zurückgewinnen können? Eine Gegenfrage: Finden Sie sich (noch) attraktiv? Finden Sie sich (noch) hübsch? Offensichtlich nicht (mehr). Sie haben sich selbst Ihr Selbstvertrauen geraubt, indem Sie sich einreden, aufgrund Ihrer (zu?) zierlichen Figur und Ihres (zu?) kleinen Busens nicht mehr für Ihren Mann attraktiv zu sein. Sprechen Sie mit Ihrem Mann darüber, vor allem aber, stärken Sie Ihr Selbstvertrauen wieder, indem Sie aufhören, sich für unattraktiv zu halten und beginnen Sie, sich selbst für begehrenswert zu halten. Dann wird auch Ihre Angst verschwinden, Ihren Mann an eine andere zu verlieren."

Sabine K. aus Mainz schrieb mir:
„Ich leide bereits seit 7 Jahren an Eifersucht. Ich vergleiche mich mit der in Ihrem Buch aufgeführten Birgit. Auf andere Menschen wirke ich selbstbewusst und stark, in Wirklichkeit bin ich es aber nicht. Man missbraucht die Liebe des anderen, um wer zu sein, schreiben Sie, ich glaube, das genau trifft auf mich zu. Ich kann nicht alleine sein. Ich lebe ständig in der Angst, mein Partner könne andere Frauen attraktiver finden, und mache ihm und mir das Leben zur Hölle. Das fängt an bei Arbeitskolleginnen, geht über Ex-Freundinnen, Frauen, die man auf der Straße einfach dahergehen sieht, meine eigene Schwester, ja sogar auf provozierende Frauen im Fersehen oder in Zeitschriften bin ich eifersüchtig. In diesem Moment habe ich mich nicht mehr unter Kontrolle. Wenn ich später darüber nachdenke, ist mir klar, dass alles nur Einbildung ist. In dem Moment, in dem ich eifersüchtig reagiere und mein Verstand ausgeschaltet ist, was kann ich da tun, um ruhiger zu werden? Es tut so weh."

Ich habe Sabine Folgendes geantwortet:
„Sie können erst einmal nicht verhindern, dass Sie eifersüchtig reagieren. Das ist eine eingefahrene Gewohnheit, die Sie nicht willentlich beeinflussen bzw. verhindern können. Sie werden so lange automatisch eifersüchtig reagieren und das Gefühl haben, Ihrer Eifersucht ohnmächtig ausgeliefert zu sein, wie die Ursache Ihrer Eifersucht besteht: Ihre geringe Selbstachtung. Sie können jedoch Folgendes tun, um ruhiger zu werden: Wenn Sie sich dabei ertappen, dass Sie eifersüchtig reagieren, sagen Sie sich leise oder noch besser laut: STOPP. Wiederholen Sie dieses Wort mehrmals. Auf diese Weise unterbrechen Sie Ihre Gewohnheit. Im Anschluss daran machen Sie sofort die Spontanentspannung, die ich in meinem Buch beschrieben habe. Sie könnten auch eine andere Strategie ausprobieren: Sprechen Sie Ihre ärgerlichen und eifersüchtigen Gedanken auf singende Weise aus, d.h. tun Sie so, als wären Ihre

negativen Gedanken der Text einer Melodie, die Sie in Gedanken singen. Wenn Ihnen das gelingt, werden Ihr Ärger und Ihre Angst schlagartig - zumindest für den Moment - verschwinden. Sie werden zwar wieder zurückkehren, das können Sie nicht verhindern - schließlich ist das eine Gewohnheit - aber Sie können dadurch diese Gewohnheit unterbrechen. Und das ist schon sehr viel. Und noch eines: Verurteilen Sie sich nicht dafür, dass Sie eifersüchtig reagieren. Das schadet Ihrem bereits schon angekratzten Selbstvertrauen nur noch mehr. Sie werden und können Ihre Eifersucht überwinden, wenn Sie Ihr Selbstvertrauen gesteigert haben - solange müssen Sie eifersüchtig sein, und alle Selbstvorwürfe ändern daran nichts. Im Gegenteil. Sie verschlimmern nur noch das Problem, und Sie werden darüber deprimiert."

Herbert S. aus Hamburg schrieb mir:
„Sie schreiben, dass man selbstständiger werden und sich ein Hobby oder eine Sportart suchen müsse. Ich persönlich halte es sogar für notwendig, sich ein Hobby auszusuchen, welches man alleine ausübt. Denn die Eifersucht tritt immern dann auf, wenn sich meine Partnerin nicht um mich kümmert, z.B. ein Buch liest. Dann fühle ich mich einsam und vernachlässigt. Ich empfinde es als Liebesentzug und bin dann sehr eifersüchtig auf das Buch. Mir fällt es dann immer schwer, mich etwas anderem zu widmen, z.B. einem Hobby, da ich ja Minderwertigkeitsgefühle habe und ich Angst davor habe, dass ich das nicht kann oder Fehler mache oder noch schlimmer, dass ich etwas kaputt mache. Sicher, Übung macht den Meister, aber ich gebe nach kleinen Misserfolgen schnell auf. Außerdem denke ich, dass ich meine Partnerin vernachlässige, wenn ich einem Hobby nachgehe. Deshalb mache ich gar nichts, obwohl mich hobbymäßig vieles interessiert."

Ich antwortete Herbert:
Verständlich, dass Sie sich schwer tun, etwas Neues zu

lernen, wenn Sie Angst haben, Fehler zu machen bzw. wenn Sie glauben, zu versagen. Selbstvertrauen und Selbstsicherheit gewinnt man dadurch, dass man das tut, worin man unsicher ist oder wovor man Angst hat. Wenn wir in etwas ungeübt sind, bleiben Fehler natürlich nicht aus. Aber was ist so schlimm an Fehlern? Niemand beherrscht etwas auf Anhieb und ohne dabei Fehler zu machen. Halten Sie sich vor Augen, dass Fehler machen etwas sehr Menschliches und Normales ist. Einen Fehler zu machen bedeutet nicht, dass Sie minderwertig oder schlecht sind. Es bedeutet lediglich, dass es Ihnen an Erfahrung und Übung fehlt. Wenn Sie bei Misserfolgen rasch aufgeben, dann deshalb, weil Sie sich einreden, für diese Sache nicht klug oder begabt genug zu sein und dass es keinen Sinn hat, weiterzumachen. Das ist eine mögliche Schlussfolgerung, die jedoch in den seltensten Fällen richtig ist. Tatsache ist vielmehr, dass Sie deshalb einen Fehler gemacht haben, weil Sie noch kein Experte in dieser Angelegenheit sind und deshalb weiteres Training benötigen. Aber selbst Experten machen Fehler. Niemand ist unfehlbar. Nehmen Sie Fehler deshalb zum Anlass, sich selbst eine zweite, dritte oder vierte Chance zu geben. Denken Sie nur einmal daran, was passiert wäre, wenn Sie als kleines Kind beim ersten Gehversuch aufgegeben hätten. Sie könnten heute nicht laufen. Sie können heute nur deshalb laufen, weil Sie nicht aufgegeben haben und einmal mehr aufgestanden sind, als Sie hingefallen sind. Das ist das Geheimnis erfolgreicher Menschen: Einmal mehr aufstehen, als man hingefallen ist. Was das Gefühl angeht, dass Sie Ihren Partner vernachlässigen, wenn Sie einem Hobby nachgehen, warum fragen Sie ihn nicht, was er davon hält? Könnte es nicht auch sein, dass Sie das Gefühle hätten, von Ihrem Partner vernachlässigt zu werden, wenn dieser alleine einem Hobby nachginge, und Sie deshalb befürchten, er würde auch so empfinden? Wagen Sie es, selbstständiger und unabhängiger zu werden - es wird Sie und Ihre Partnerschaft bereichern."

Gudrun B. aus Frankfurt schrieb mir:
„Ihr Buch hat mich aufgeweckt. Viele Dinge, die mein Verhalten betreffen, sind mir klar geworden. Dadurch ist mein Leben aber nicht einfacher geworden. Vor einiger Zeit habe ich meinem Partner gesagt, ihm erst mein Jawort zur Hochzeit zu geben, wenn ich meine krankhafte Eifersucht besiegt habe oder zumindest Besserung in Sicht ist. Das Jawort habe ich gegeben, das ist auch das Einzige, was sich geändert hat. Die Eifersucht wird immer schlimmer. Was damit verbunden ist, wissen Sie ja: Verlustängste und die Gewissheit, er wird mich verlassen, und das wegen meiner Eifersucht. Ich möchte gerne therapiert werden. Die Hoffnung, alleine da herauszukommen, habe ich aufgegeben. Ich war bereits 7 Wochen in Behandlung bei einer Psychologin, die aber über Eifersucht wie so viele denkt: Ist doch ganz normal, die Beziehung wird dadurch immer wieder erfrischt. Ich fühlte mich nicht verstanden. Bitte helfen Sie mir."

Ich antwortete Gudrun:
„Ich finde es bewundernswert, dass Sie Ihrem Partner erst dann das Jawort geben wollten, wenn Besserung in Sicht ist, und Sie trotz Ihrer momentanen Hoffnungslosigkeit eine neue Therapie machen möchten. Viele Eifersüchtige haben nämlich die trügerische Hoffnung, das alles besser werde, wenn man nur erst einmal verheiratet ist. Das Gegenteil ist meist der Fall. Auch stimmt es, dass viele Fachleute die Eifersucht für normal halten, ja die Betroffenen geradezu ermuntern, ihre Eifersucht auszuleben. Entscheidend ist jedoch einzig und alleine, ob die Betroffenen (die Eifersüchtigen und deren Partner) die Eifersucht als Belastung ansehen oder nicht. Wenn Sie darunter leiden, dann kann ich Sie nur ermutigen, eine neue Therapie zu beginnen."

Schlusswort

Wir sind am Ende unserer gemeinsamen Reise angekommen. Nun sind Sie an der Reihe, ein Stück des Weges alleine zu gehen. Aus meiner eigenen Erfahrung und der meiner Klienten weiß ich, dass Selbstveränderung sehr viel Geduld und Ausdauer erfordert. Gewohnheiten, sind sie erst einmal entwickelt, können nur durch sehr viel Training durch neue ersetzt werden.

Lassen Sie sich also nicht entmutigen, wenn Sie auf Ihrer Reise auf der Stelle treten oder den Eindruck haben, Ihre Eifersucht nicht alleine überwinden zu können. Solche Momente sind völlig normal und verständlich. Niemand schafft es, auf geradem Wege ein Ziel zu erreichen. Wenn Sie sich jedoch mit diesem Buch permanent überfordert fühlen, dann wenden Sie sich bitte an einen erfahrenen Therapeuten.

Sie und Ihr Partner haben es verdient, dass Sie nichts unversucht lassen, Ihr Leben und das Ihrer Mitmenschen positiver zu gestalten. Ich wünsche Ihnen alles Liebe, vor allem aber den Mut und die Ausdauer, auch morgen die Kraft für Ihre positive Selbstveränderung zu finden.

Ihr Rolf Merkle